顧客を観よ

金融デジタルマーケティングの新標準

株式会社ビービット
宮坂 祐

一般社団法人 **金融財政事情研究会**

はじめに──デジタルマーケティングに方法論はあるか

顧客志向の「大きさ」と「向き」

　住宅ローンの商品ページを訪問するつもりが、法人向けページに迷いこんでしまい、「この銀行はインターネットで住宅ローンを扱っていないようですね」と発言してウェブサイトを閉じるユーザ。興味をもった住宅ローンを店舗で相談しようと店舗一覧ページを閲覧したが、検索性が低いため最寄りの店舗を見つけることができず、「近くに店舗がないようなので、別の銀行を探します」と競合銀行のウェブサイトを閲覧するユーザ。このような反応は、筆者らの調査でよく観察されるユーザ行動である。

　これからの金融業はサービス業である、という言葉も聞かれるように、金融機関において「顧客志向」の重要性は高い。にもかかわらず、デジタルマーケティングになるとむしろ顧客をまったく無視したかのような提供者都合のウェブサイトやプロモーションが散見される。この理由は、顧客志向を「大きさ」と「向き」をもったベクトルと考えると簡単に説明できる。多くの金融機関では、顧客志向の意識・活動量としては十分な大きさがありながら、向きが間違っているために正しく顧客に伝わっていない。「顧客にとって望ましくない方向に大きく振れている」ために、顧客からは提供者都合に映ってしまうのだ。提供者としてはあくまで顧客志向のつもりではあるので、このギャップになかなか気づかない。

　問題は大きいようだが、解決はそれほどむずかしくはない。筆者らは、これまでさまざまな業種業界のデジタルマーケティング活動を支援してきたが、なかでも金融機関のクライアントとのプロジェクトでは継続的に高い成果を創出することに成功している。これは、顧客志向を「正しい向き」で発揮しさえすれば、本来もっている「大きさ」で十分に顧客を集められることを示唆している。ここにぜひ気づいていただきたいと思い本書を執筆した。

本書のねらい

　デジタルマーケティングでは、なぜ顧客志向の向きを誤ってしまうのか。要因は大きく2つあると考えている。まず、ウェブサイトやプロモーションなどの活動が、広報活動の一環として、ターゲット（向き）を特定せず、全方位的に運営されてきた歴史的な背景が1つ。「利用している人（以降本書では「ユーザ」と呼称する）を直接見ることができない」ために、向くべき方角がわかりづらいというデジタルチャネルの特性がもう1つだ。

　そこで筆者らは、デジタルマーケティングにおいて正しく顧客志向のサービスを提供するための方法論を、「ユーザ中心設計手法」としてまとめ、日々のプロジェクトで実践している。これは、デジタルチャネルを利用する顧客を可視化し、顧客が置かれた状況や心理を把握し、適切な課題を設定してこれを解決することで、対価として望ましいアクションを促し利益につなげる方法論である。本書ではこの方法論を紹介したい。

　従来この分野は、人間の心理やニーズといった見えないものを扱うがゆえに、長年の経験や勘などのスキルの蓄積や結晶化を待つ必要があった。特定の個人が半永久的に組織でデジタルマーケティングに携わるのであれば、それでもよいかもしれない。ところが、金融機関は異動が多く、2〜3年も経てば、経緯を知る担当者が1人もいなくなってしまうことは珍しくない。同じ部署にとどまり業務を継続することはほぼ不可能だ。そこで、「だれかができる」ではなく「だれでもできる」体系化された方法論がより求められる。さらに、徐々に培われていく経験知ではなく今日からできる実践知である必要もある。

　本手法をマーケティング理論や行動科学と称して学問領域に含めるつもりはない。われわれが取り組むマーケティングとは、研究活動ではなくビジネス活動である。手法に正当性（あるいは正統性）があることは、利益創出を約束しないからだ。普遍的な理論ではなく、あくまで筆者らの過去の経験と成果から考案した1つのレシピとしてとらえてほしい。

　本方法論ではまず、対象とする活動が、マーケティング領域全体のどの位

図表　顧客志向サービスのあるべき姿

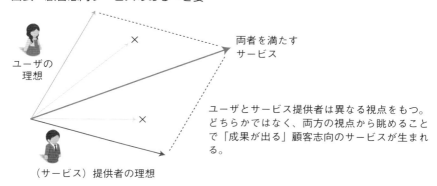

置づけになるのか、役割を明確にすることから始まる。次に、ターゲットとその心理・価値を定義する。それらの前準備をふまえて、具体的な打ち手をシナリオに基づいて考えていき、ゴールを達成する計画をつくる。顧客視点とビジネス視点、異なる視点からサービスを設計する。

　もう1つ特徴的なのは、これらの仮説を実際のユーザにぶつける行動観察調査を通じて、プロジェクト内で「こわし」「つくる」改善を繰り返すプロセスだ。これによって、一方的で独りよがりの顧客理解を客観的に検証し、顧客志向を正しい向きに修正できる。

　誤解がないようにしたいのは、本書で紹介するユーザ中心設計は顧客への迎合を意味しないことだ。後で詳細に述べるが、むしろ顧客の意見は先行指標としてあまり重要視しない。真に優れたサービスは、提供者視点の放棄ではなく、提供者視点と顧客視点の兼備によって生まれるものと筆者らは考えている。

　顧客志向の方法論を説く書籍である以上、本書自体も極力それに沿ってつくりたいと考えた。すべての金融機関に貢献したいという希望はあるが、事例の分散を避けるため、主な読者対象としては「銀行のデジタルマーケティング推進担当者」と定義した。想定される状況は以下のとおりだ。

　全体戦略に「ウェブサイトをデジタル支店と位置づけ、地域を超えお

客様を増やす」とデジタルマーケティングへの言及が明示され、本格的に戦略の要になった。コア商品である住宅ローンをはじめ、デジタル経由の顧客数・販売数など具体的な活動目標が課せられることになった。

　組織も再編成されたが、自分も含めてメンバに経験があるわけではなく、具体的にどうすればよいか見当がつかない。手始めにウェブサイトを他行と比較し、行内で意見を募ると、現在のウェブサイトは5年以上もデザインが変わっておらず、時代にあっていないのではという声が聞かれた。そこでまずウェブサイトのリニューアルプロジェクトを立ち上げ、制作会社を集めてコンペを行った。

　ほどなく完成予想のデザインがプレゼンテーションされた。見た目は洗練されていて、いまっぽく、他行にも引けをとらない。きっとブランドイメージが上がるだろうとメンバの評判も上々だ。これで決裁稟議を回そうと思った矢先、経営層からの念押しがそれまでの空気を一変させた。

　「きれいでいいね。これが完成すれば今期の目標は達成されるのだよね？」

　これは、銀行に限らずあらゆる金融機関、企業で起こっていることかもしれない。もし読者が似たような状況にあれば、例は違えどきっと本書は役立つだろう。

　プロジェクトの資源が顧客志向の実践と目標達成のために正しく使われ、リリース後に期待する成果が達成されること。これが本書の目指すゴールである。

　なお、本書で参照している各ウェブサイトは、2016年1月時点のデータを基にしている。

2016年1月

宮　坂　　祐

目　次

第 I 章

ユーザ中心設計の重要性

1　デジタルこそ顧客サービスのフロンティア ………………………… 2

　広報チャネルから営業チャネルへ ……………………………………… 2

　デジタルはセルフサービスチャネル …………………………………… 3

　デジタル上の行動が原点になる ………………………………………… 5

　トレンドに流されない …………………………………………………… 6

　［コラム］　Fintechとイノベーション ……………………………… 7

2　ユーザ中心設計の価値はどこにあるか ……………………………… 12

　行動観察で視点が変わる ………………………………………………… 12

　利益につなげるシナリオ ………………………………………………… 13

　［コラム］　顧客体験を設計する ……………………………………… 14

第 II 章

ユーザ中心設計のステップ

1　繰り返し意識すべき前提 ……………………………………………… 18

　ユーザ体験の一貫性を意識する ………………………………………… 18

　ユーザの優先度は変えられない ………………………………………… 19

　強みはユーザの価値に置き換える ……………………………………… 20

　先入観を排し、検証する ………………………………………………… 21

2　ステップ1　目的・目標の定義 ……………………………………… 22

　なぜ目的・目標を立てるのか …………………………………………… 22

　目的とは役割のこと ……………………………………………………… 23

　目的の具体例 ……………………………………………………………… 25

目　次　v

[コラム] 目的がコミュニケーションを定義する ………………………… 26

目標は貢献度の可視化 ………………………………………… 30

目標値は論理的に ………………………………………………… 31

デジタルマーケティングに専門知識は不要 ……………………… 33

3　ステップ2　ターゲット・価値定義 ……………………………… 34

なぜターゲットを決めるのか …………………………………… 34

「行動」に影響を与える要素は何か …………………………… 35

価値を定義する ………………………………………………… 36

心理・価値はターゲット分類になる …………………………… 36

ターゲット・価値はバイアスがかかりやすい ………………… 37

仮説でよいので考えよう ………………………………………… 39

ヒントは現場に落ちている ……………………………………… 40

認知・流入経路を把握する ……………………………………… 43

正しい競合を把握する …………………………………………… 44

ターゲット検討例 ………………………………………………… 44

4　ステップ3　シナリオ作成 ……………………………………… 49

シナリオとは何か ………………………………………………… 49

サービスの優位性を洗い出す …………………………………… 50

一度に1つ、を心がける ………………………………………… 53

詳しい説明は求めていない ……………………………………… 54

シナリオ検討例 …………………………………………………… 56

[コラム] カスタマージャーニーマップの注意点 …………………… 60

5　ステップ4　要件定義・画面設計 ……………………………… 64

要件定義は画面設計書で ………………………………………… 64

要件定義の進め方 ………………………………………………… 66

画面設計は戦略的に ……………………………………………… 69

画面設計のコツ …………………………………………………… 75

ビジュアルデザインのチェックポイント ……………………… 78

6　行動観察による検証 ……………………………………………… 82

なぜ意見を重視してはいけないのか ……………………………………………… 82

ユーザ行動観察調査の流れ ……………………………………………………… 85

ユーザ行動観察調査のタイミング ……………………………………………… 95

ターゲット・価値定義後の調査 ………………………………………………… 97

シナリオ、重要導線画面設計後の調査 ………………………………………… 104

画面設計、ビジュアルデザイン途中の調査 …………………………………… 108

[コラム] 長期の行動を観察する「RET」……………………………………… 109

公開後の検証 ……………………………………………………………………… 110

[事例インタビュー] ユーザ中心設計の実践に向けて ……………………… 117

第 Ⅲ 章

デジタルマーケティングの明日

1 進化の触媒となるスマートフォン …………………………………………… 122

チャネル間連携（オムニチャネル）…………………………………………… 122

ライフイベントからライフタイムへ ………………………………………… 126

2 短期の利益より、長期の信頼を ……………………………………………… 129

3 優先すべきは現状の課題 ……………………………………………………… 132

おわりに ……………………………………………………………………………… 133

著者プロフィール ………………………………………………………………… 135

第 I 章

ユーザ中心設計の重要性

1 デジタルこそ顧客サービスのフロンティア

広報チャネルから営業チャネルへ

　まず、方法論を紹介する前に、デジタルチャネルの特性について触れておきたい。

　デジタルチャネルは、特定個人ではなく世間に向けて広く公開される媒体であるという観点から、長らく広報活動の一舞台として認識されてきた。個人・法人顧客、投資家、就職希望者などのステークホルダーに対して万遍なく情報を伝達することが目的だった。だが活動としては非常に受け身で、ウェブサイトは街頭の掲示板に貼られたチラシのような、通りがかった人だけが見る媒体としての位置づけだった。もちろん、ユーザとのコミュニケーションは意識されてこなかった。

　やがて、検索サイトなどデジタルに特化した広告媒体の増加や、ECサイトなどウェブサイト上での決済取引が発展すると、チャネルの役割に変化が起きた。低コストで距離・時間の制約を超えて幅広いユーザにアプローチし、こちらから積極的にメッセージを届けるプロモーション活動の舞台としても見られるようになった。伝える内容にも変化が生まれ、デジタルチャネル限定のキャンペーンなど、独自性も見られるようになった。

　ところが多くの場合、運用体制は旧態依然としたままで、あくまで目的は情報の伝達にとどまっていた。ウェブサイトは固定個所に置かれた掲示板から、街中を走る車へと変わったが、実態は単に拡声器でチラシを読み上げているにすぎなかった。

　デジタルチャネルで「マーケティング」「プロモーション」と称した活動を行うならば、それは広報ではなく営業活動ではないか。ウェブサイトの運営主体が広報部門であったとしても、少なくとも営業活動に該当する部分は責任主体を営業部門にスイッチさせる必要がある。広報と営業とでは、活動

目的も目標も、プロジェクトを進めるロジックもまったく異なるからだ。

たとえば、広報の観点では、なかなかターゲットに優先度をつけることはできないが、営業の観点からは別に「広報」する必要はなく、期待収益が大きければ狭いターゲットでも問題ないといえる。最も違いが表れるのがコスト意識だ。ウェブサイトのリニューアル費用の妥当性を検証する場合、広報からは「掲載情報の更新」プロジェクトに映るため、見えづらい効果よりも「コスト」に注目する。紙媒体のパンフレットやチラシをどれくらい印刷する分と同じか、という観点で見積もると、数百万円の規模と判断される。

一方、営業活動として見ると、コストよりも効果に注目されやすい。リニューアルによって得られる効果が店舗営業担当何人分に匹敵するのか、という見積もり方だと、予算は数千万円の規模であってもおかしくない。しかも、ウェブサイトは24時間休みなしで働き続けるスーパー営業パーソンだ。トップクラスの人材に換算できるだろう。

近年では、デジタルマーケティング活動を「デジタル支店」「インターネット支店」のように、店舗営業の一環として扱う動きも出てきた。であれば、その支店の責任主体も店舗運営と同様の体制にすべきであろう。

デジタルはセルフサービスチャネル

営業活動では、顧客一人ひとりの課題を解決し、良好な信頼関係を継続的に築くことが求められる。店舗における接客品質や相談対応品質は、銀行をはじめとした金融機関が自負する強みであり組織競争力の源泉であった。ところがデジタルチャネル上のサービス提供になると、最寄り店舗すら満足に探せないようなウェブサイトなど、サービス品質の低さが目立ち、熟練の域にあるとは到底思えない。これはなぜだろうか。

同じサービスという言葉でも、店舗における対面サービスとは異なり、デジタルチャネルでは「セルフサービス」である点に違いがある。店舗では、行員が顧客と相対したうえで、顧客の状況や相談内容を直接尋ねることで期待を明らかにし、表情や返答などフィードバックを受け取ったうえで最終的に求めるサービスを提供することができる。

ところがデジタルチャネルでは、顧客の姿を見ることができない。顧客は検索サイトからウェブサイトを訪問し、商品ページを閲覧してサービスに申し込む。この間行員はいっさいアドバイスすることはできない。現場力を発揮しようにも、どこが現場かがわからない。

　単なるチラシやパンフレットを掲載しただけのウェブサイトでは成果が出ない理由は明確である。それらは、顧客の前で営業パーソンが補足説明することがセットになってはじめて機能するからだ。セルフサービスチャネルでは、この営業パーソンの役割も担う必要がある。

　顧客は、自分の知識と経験によってのみサービスを利用し、評価する。顧客が目にせず、理解できなかったものは「サービスとして提供していない」と判断される。

　ある顧客の例を紹介しよう。自動車ローンを探して、検索サイト経由である銀行ウェブサイトのトップページを訪問した。「自動車ローン」という文字を探すが、その銀行では商品名でのメニュー表記がされており（たとえば「Support You ローン」など）、商品名だけでは自動車ローンであることがわからなかった。すると顧客は、その銀行では自動車ローンは扱っていないだろうと早々に判断しウェブサイトを閉じて検索サイトに戻り、ページに表示された他の銀行サイトを訪問してしまった。これが店舗であれば、「自動車ローンは扱っていますか？」という質問に「Support Youローンがございます」と返答しても、顧客が帰ってしまうことはないだろう。だがデジタルチャネル上では、容易に顧客接点を失ってしまう。デジタルチャネルで情報検索をするユーザはとても目的志向で、極力寄り道をせずに最短で目的の情報にたどりつきたいと思っているため、視野が狭くなりがちである。しかも、ウェブサイトはリンク1つですぐに競合サイトに遷移できる。「これは違うな」と感じればすぐに去ってしまう。

　仮に顧客に誤りや認識不足があっても（むしろ正しく理解する顧客のほうが少ないが）、こちらから正すことはできない。問題は顧客のスキルやリテラシーにあるのではなく、そのようなサービスを設計した銀行にある。このような調査結果に対して、「それはまだ口座がない新規ユーザで、すでに口座

をもっている顧客であればもう少し我慢して探してくれるだろう」と思われるかもしれない。筆者らの経験上そうでもないのだが、仮にそうだとしても、顧客に我慢を強いるような銀行が顧客志向といえるはずもなく、長期的に良好な関係が築けるとは思えない。

　セルフサービスにおける成功要素は明らかだ。事前に顧客を正しく想定し、その心理やニーズを先回りしてサービスが提供されるような仕組みを用意しておくことだ。問われるのは現場対応力ではなく、事前の準備であり企みである。デジタルチャネルでは、サービス設計段階の準備が成果を決めるといってもよい。

デジタル上の行動が原点になる

　住宅ローンなど、最終的には店舗など対面の場で契約が締結されることが多い商品・サービスでも、顧客のなかでの「予選」はデジタルチャネル上で始まっている可能性が高い。検索サイトや比較サイトなどで他銀行の商品と比較し、そこで負けてしまえば店舗を訪問することはない。店舗の行員は、予選で負けてしまったことに気づかない。

　「デジタル支店」を既存店舗と並列した存在のように位置づけ、運営組織としても独立体制を組んでいる銀行もあるだろう。必要とされる知識やノウハウは異なるかもしれないが、顧客サービス設計として両者を切り離して考えることは得策ではない。特に住宅ローンなど重要性が高い商品については、既存店舗と直列に並ぶ重要なハブになっていることを認識し、デジタルで完結するのではなく店舗へどう誘導するのかまで気を抜かずに設計すべきだ。コスト競争力の高いデジタル専業銀行との違いを明らかにする意味でも、銀行のもつ「人の力」が顧客の価値になることを伝えてほしい。

　ウェブサイトをいま一度見てみよう。ページの下部に、「詳しくは店舗までご相談ください」と1行だけ書いて店舗一覧のページに誘導してはいないか。「詳しくは」いったいどんな内容なのだろうか。それは、顧客が店舗へ来訪するコストを払ってでも入手すべき、価値がある情報なのか。

　実際の営業活動であれば、電話や訪問のような相手とコミュニケーション

を図ろうとする積極的な活動を思いつくのに、デジタルになると、相手が見えないためか消極的で一方的な態度をとってしまいがちである。デジタル上のコミュニケーションがその後の店舗営業の成果をも左右することを強く意識したい。

トレンドに流されない

デジタルチャネルでは、日々新しいトレンドが生まれている。ソーシャルネットワーク、ビッグデータ、人工知能……金融業界にかかわるテーマとしてはFintech（フィンテック）と呼ばれるテクノロジーによる金融サービス革新に注目が集まっており、ベンチャー企業だけではなく大手金融機関や政府からも熱い視線が注がれている。

どんなに新しいデジタルサービスや最先端のテクノロジーを採用しようが、最終的にサービスを利用するのは顧客であり、人間であることを忘れてはならない。新しいこと自体に何の価値もない。ビジネスの一環として取り組む以上、顧客との関係構築および長期的に利益を生むような仕組みづくりが不要になることはない。

こんな例になっていないだろうか。ソーシャルネットワークの利用者が多いと聞き、自行でもアカウントを用意して、「とりあえず」「試験的に」担当者が日々の挨拶やキャンペーンの案内、店舗のイベントを掲載することにした。

運用を続けるうちに、たまにユーザからコメントや反応が返ってくることがあり、気分を共有しているような気がしてやりがいを感じるようになった。だが、半年も経つが閲覧ユーザはせいぜい月に100人程度。親近感を出すためにあまり商品のことは伝えないようにしているが、これはマーケティング活動といえるのだろうか。閲覧している100人は、銀行に対して信頼を寄せてくれて、商品・サービスの利用につながっているのだろうか。試験的という位置づけは目標感を失わせ、効果検証もままならない。やがて担当者のモチベーションと比例して活動も低下していき、異動とともに更新が止まるのであった。

繰り返しになるが、テクノロジーの華やかさや話題性と得られる成果は無関係だ。全世界で10億人が利用するソーシャルサービスにアカウントをつくるより、顧客1万人が閲覧するメールマガジンを改善したほうがはるかに効率的に利益をあげられるかもしれない。まずは、顧客および潜在顧客であるユーザへの接客品質を向上しよう。筆者らの手法に「ユーザ中心設計」と名前をつけているのは、流行のキーワードやテクノロジーに安易に流されないための戒めでもある。

コラム　Fintechとイノベーション

　筆者らはテクノロジーを否定しているわけではない。玉石混交だが、まれにこれまでのビジネスの枠組みと顧客行動に大きな変化をもたらすテクノロジーが生まれることもある。近年だと、Fintechと呼ばれるような、生体認証やクラウド、P2Pのソーシャルファイナンスなど、デジタルテクノロジーを競争力とする一連の金融サービスにその可能性があると考えている。

　結論を先にいえば、Fintechのもたらすインパクトは「金融機関と金融業の分離」とそれによる「イノベーション発生確率の向上」にあると考えている。

　この背景としてはまず、デジタルの役割が広がったことがある。流通やプロモーションを効率化させるマーケティングツールとして評価されていた時代が終わり、低コストで高品質な信用・リスク情報を管理可能にする「金融業創造エンジン」へと市場の見方が変わった。銀行業でいえば、預金や融資、決済業務が「銀行」主体から離れて、事業として外部化・自由化されることを意味する。

　もちろん、これは「理論的には」であって、ベンチャーが今日から銀行業を開始できるほど制度的に自由な環境ではなく、これまで銀行が築いてきた信用を一朝一夕で超えることは現実としてもむずかしい。Paypalのように、決済などごく一部業務に特化するサービス事業者が増えていくのが当面の動きである。だが確実にいえることは、これから生まれる競合（もしくは提携先）が、同じ金融業とは限らないことである。

　Fintechが企業だけではなく、政府レベルでも注目を集めているのは、金融業の外部化により異業種からの参入障壁が低くなったことによる、破壊的イノベーションへの期待があるからにほかならない。国内の一部銀行でも、スマー

第Ⅰ章　ユーザ中心設計の重要性　7

トフォンアプリやサイト上の対話サービスなど既存サービスへの先端技術の導入や、独自の金融テクノロジーを有するベンチャーへの支援などに取り組むようすが見られている。だが、破壊的イノベーションは、最先端のテクノロジーを前提条件とはしない。むしろさして目新しくなく、既存事業から見たら未成熟なサービスが、市場を席巻する可能性があることは歴史が証明している。

　本コラムでは、イノベーションへの期待が高まる金融業界への参考事例として、他業界ではあるが他山の石となる事例を2つ紹介したい。

①　イノベーションへの取組みが遅れた事例

　まず有名な例として、フィルムカメラからデジタルカメラへのトレンド転換を紹介したい。コダックがデジタルカメラの波に乗れず市場の雄から転落したことはよく知られているが、デジタルカメラを世界で初めて開発した会社でもあることはあまり知られていない。黎明期のデジタルカメラはフィルムカメラと比べて重く、画質も低く、電池も長持ちせず、「誕生＝イノベーションの到来」とされたわけではなかった。そのため商品として優れ、市場規模も大きかったフィルムカメラへ継続して資本は投下され、顧客の関心がデジタルカメラに向いたときには、挽回するリソースは用意されていなかったと推察される。

　決して、顧客のニーズに無関心だったわけではない。正確には、顧客がフィルムカメラに寄せるニーズには関心があったものの、写真を撮る・見るという行動そのものについて、自社サービスから離れて客観的に観察し、経営的な判断を下すことができなかったのが敗因ではないだろうか。

　同じように、Fintechをそのまま「金融テクノロジー」と解釈し、金融業だけに注目したり、対象をテクノロジーの巧拙だけで判断したりするのは視野狭窄である。既存の銀行業を拡張するサービスとして「銀行から」見るのではなく、「顧客」から見てほしい。なぜなら、金融商品・サービスは顧客にとって目的ではなく手段であるからだ。

　銀行をサービス業と解釈するならば、イノベーションの発生源は金融業ではなく、顧客との接点が多く顧客情報の蓄積もしやすいサービス業から起こる可能性が高い。追いかけるべきは先端テクノロジーを有するプレイヤーだけではない。顧客のことを知り、これまで顧客自身も気づかなかった潜在的なニーズを満たすサービスを提供できるプレイヤーはだれか、という視点をもつべきだ。

　かつて世阿弥は、客席から見た自分の姿を意識することの重要性を「離見の見」という言葉で残したが、イノベーションが起きやすい状況にあっては、む

しろ客席にいない顧客を意識すべきといえる。

② イノベーションへの取組みを急ぎすぎた事例

もう1つ、コダックと対照的な事例として紹介したいのが、子ども向け玩具で有名なレゴである。

1990年代後半の業績不調をイノベーションによって解決するべく、レゴはさまざまな改革に同時着手した。その結果、業績は悪化の一途をたどり、組織も疲弊した。その後、原点回帰のリストラ策により業績は回復したが、レゴの失敗事例はイノベーションへの取組み方について重要な示唆を与えてくれる。

2000年前後、TVゲームの台頭など子どもを取り巻く遊戯環境への変化に対して、「ブロック遊び」にとどまるレゴは順応できず、市場のプレゼンスを失いつつあった。レゴブロックの特許も切れ、他社からも同様のブロック製品が次々と発売され、その傾向に拍車がかかる一方だった。

そこでレゴは外部から社長を迎え、自ら破壊的イノベーションを実行する決意を固め、次々と実践に移していった。

これらの取組みは、単体では失策には見えない。むしろ市場の流れや顧客の変化をよく読んだ、「理論的には」正しいアプローチのように思えた。

だがそれらは数値成果に結びつくことはなかった。2003年末の時点で、前年同期比で売上げは30%下落し、利益も過去最大の赤字となった。会社存続の危機を迎えたレゴは、創業者一族が社長に復帰し、イノベーションが組織にもたらした本当の結果を冷静に分析した。それは「イノベーションを急ぎすぎたこ

図表Ⅰ－1　レゴが取り組んだイノベーション

テーマ（※筆者が分類）	具体例
外部人材の登用	・他社の買収 ・大都市での支店開設による人材募集 ・有名クリエイターの登用
破壊的イノベーション	・ブロックで組み立てないレゴ「電子知育玩具」の開発（バーチャル上のレゴ組立ツール） ・既存のブロック好きな子どもから、カジュアルゲーム好きの子どもへのターゲット転換
オープンイノベーション	・顧客が自由にレゴを組み立て、商品化できる「デジタルデザイナー」の開発
ブランド展開	・教育機関の設立 ・テーマパークの設立 ・直営店の大幅増加

とによる空中分解」だった。レゴは手漕ぎボートにジェットエンジンをつけて全速力で航海しているような状況で、船体が加速に耐えられなかったのだ。

ここからV字回復の物語が始まるのだが、本コラムではそのストーリーよりも、イノベーションが失敗に終わった原因についてもう少し細かく紹介したい。まとめると図表Ⅰ-2のようなものになる。

これらの要因に対して、レゴはターゲット顧客を絞り、原価を厳密に管理し、開発プロセスに顧客観察調査を取り入れて検証をかけるなど、1つずつ改善を施していった。

実は現在発売されているレゴ製品やサービスを見ると、たとえばデジタルと組み合わせた「レゴマインドストーム」や直営店である「レゴストア」など、イノベーション活動のなかで失敗とされた取組みがかたちを変えて復活しているものもある。これはつまり、何をやるか、よりもどうやるか、が成否を分けるという事実を示してはいないだろうか。

これから金融業界でも、テクノロジー企業のM&Aやエンジニアの採用、ス

図表Ⅰ-2　イノベーション失敗の要因

要　因	詳　細
利益を生むイノベーションが少ない	過去は振り返らず、とにかく革新的で創造的な取組みに邁進することだけを考えた結果、レゴセットの94%が十分な利益を生んでいないという破滅的な結果になった。経営陣は常に前向きな報告を求めたため、失敗から学ぶ機会もなかった
イノベーションの監視体制がなかった	権限は明確だったが、責任が不明瞭で、だれも正しくマネジメントしなかった。特に在庫管理やキャッシュフローへの関心がおろそかになり、つくるほどコストが嵩む構造になっていた。だがイノベーションの旗印がそれを覆い隠し、だれも直視しなかった
既存の資産を活かさなかった	外部から採用した人材は優秀だったが、彼らに「レゴとは何か」「これまで、そしてこれから何を目指すのか」というビジョンの共有と、既存の資産を活用するコミュニケーションが圧倒的に不足していた。新しく、見栄えがよい製品は数多く生まれたが、そこに「レゴらしさ」は微塵もなかった
顧客を正しく観ていなかった	レゴに足りず、市場が求める製品として「キャラクターもの」に目をつけたが、発売した製品は歴史や背景などリアリティがない単なる「名前がついた人形」にすぎず、顧客に愛されることはなかった。「市場」をマクロ視点でとらえてはいたが、それを構成する顧客が何を愛し、玩具にどんな反応を見せるのかについて正しく知ろうとしていなかった

マートフォンアプリの開発など新しい活動に積極的に取り組んでいくことになる。レゴの事例は対岸の火事ではなく、すぐそこにある危機かもしれない。ぜひ参考にしてほしい。

※レゴの事例については、デビッド・C・ロバートソン『レゴはなぜ世界で愛され続けているのか』（日本経済新聞出版社）に詳しい。

2 ユーザ中心設計の価値はどこにあるか

行動観察で視点が変わる

　ユーザ中心設計手法の要諦は、サービスの立案から設計、実践に至るあらゆるステップで、ユーザ視点から何度も検証をかける進め方にある。サービスの設計段階でリリース後の結果を予見することができる。仮説と検証の繰り返しは非常に地味で、根気が必要ではあるが、その苦労を裏切らない成果を生み出すことができる。

　具体的には、実際のユーザもしくはそれに近い属性をもつ被験者に、ウェブサイトなどを利用してもらい、その行動を観察することで自社の問題点を明らかにしていく「行動観察調査」と呼ばれる手法を用いる。これは、サービス設計者が顧客のメガネをかけ顧客の靴を履き、自らのサービスを客観的に眺め客観的に体験する機会を得ることに等しい。

　筆者らは、ユーザ理解は「心がけ」だけでは絶対にうまくいかないと信じている。100社以上もクライアントを支援し、数千人のユーザに触れた経験があっても、当初の仮説はあっけなく裏切られ、予想もできなかったユーザの反応を日々目の当たりにしている。それだけユーザの立場になることはむずかしい。

　自分の商品・サービスについて知識をもつ設計者が、知識がゼロのユーザになることは過去に戻れといっているようなもので、不可能である。設計者自身が商品・サービスのターゲットに当てはまらない場合はなおのことだ。だからなるべく主観を離れ、ユーザに重なってサービスを観察する機会をつくることが重要になる。行動観察はそれに最も適した手法だ。

　行動観察の現場に立ち会ったクライアントからは、「こんなに自分たちのサービスは知られていなかったのか」という驚きの言葉が聞かれることが多い。ユーザのことを考えてサービスを設計すると、無意識のうちに自分の努

力への報酬として、「ここまでやったらユーザもわかってくれるだろう」という期待が高まってしまう。ところが、実際に行動を観察すると、自分たちの銀行名で検索されず、検索結果に名前が表示されても選ばれず、ウェブサイトに訪問しても、商品の存在に気づかないという散々な結果を目にする。

　ユーザから見たあなたの銀行は、特別な存在ではなく、数多の選択肢の1つにすぎないことがよくわかる。デジタルチャネルでは、必ずしも地域内の他銀行だけが競合ではない。メガバンクや地銀、デジタル専業銀行や金融業を扱うデジタルサービス企業まで数多い。行動調査は、ユーザのことを知る手段であると同時に、自分の置かれた環境を認識する自己理解の手段でもある。

利益につなげるシナリオ

　ユーザの心理を理解し、ユーザが満足するサービスを提供するだけでは、ビジネス成果を期待することはむずかしい。「顧客満足」は心地よい響きだが、その対価が「いつか、きっと、なんらかのいいことがあるはず」では戦略的な活動とはいえない。ビジネス活動ではなく、社会貢献の名目で取り組むのならば組織の決断として間違ってはいないが、目指すべきは、一方向の無償奉仕としてのサービスではなく、顧客への価値提供と対価回収とをセットで考える双方向のサービスであるべきだ。

　このためにユーザ中心設計手法では、ユーザの心理とビジネス側の打ち手をセットで考え、これを時系列で記述するコミュニケーションシナリオの策定をプロセスとして含んでいる。ウェブサイトのデザインなど具体的な見た目や機能の検討と同程度、シナリオの事前検討には時間をかけて取り組むべきで、大きくは以下の流れで策定する。

1　目的・目標（役割）の定義
2　ターゲット・価値定義
3　シナリオ作成

第Ⅰ章　ユーザ中心設計の重要性　13

まずサービスが目指すべきゴール（ビジネスとして実現したい世界）を明確にし、サービスはどんな状況のどんなユーザが対象なのかというスタート地点を定める。この2点を結ぶのがシナリオで、ユーザの心理に働きかけサービスの目標達成につなげるのかという、ユーザとの一連のコミュニケーションを定義したものだ。スタート地点から顧客の手をとり、ゴールまで伴走するマラソンのコースを決める活動ともいえる。

　伴走は自分のペースに相手が一方的にあわせる行為ではないのと同様に、シナリオはユーザを設計者の意図どおりに動かすものではない。その逆に、相手の行きたい方向に100%あわせることを目指しもしない。ユーザの心理を根拠として、打ち手を論理的に組み立てゴールまで導いていくペースメーカーは自分自身であることを認識してほしい。

　余談になるが、このようなシナリオ作成は、海外企業を中心として「顧客体験（カスタマーエクスペリエンス）設計」の範疇で扱われることが多い。注意したいのは、顧客体験という心理イベントへの関心が高すぎるあまり、「感動・感激」をゴールとして定義しがちになってしまうことだ。先ほども書いたとおり、これは顧客満足をゴールとして扱うのが危険であることと同義である。感動・感激の先で顧客に促したいアクションまで考慮することを忘れてはならない。

コラム　顧客体験を設計する

　Mac、iPod、iPhoneなど市場を席巻する革新的な商品を生み出したアップル。製品だけではなく創業者スティーブ・ジョブズ氏の発言も注目を集めているが、そのなかに「マーケティング調査を信用しない」という言葉がある。一見ユーザ中心を否定する姿勢のように見え、マーケットアウト志向を礼賛しているかのようだ。ところが彼が否定をするのは、顧客に「あなたはいま何がほしいですか？」と希望する製品を直接尋ねるようなマーケティング調査であり、顧客の声を重視するアンケート調査やCS調査に類するものだ。彼は発言のなかで、「顧客が将来求めるものを顧客よりも先にかたちにする」のがアップルの仕事であるとしており、ここから「顧客が求めるもの」を追求する姿勢

事態に変わりはないことが理解できる。

　その証左ともいえる事例を見てみよう。iPhoneなどiOS上で機能するアプリケーションの開発者に向けて、アップルが公式にガイドライン（iOSヒューマンインタフェースガイドライン）を提供していることをご存知だろうか。その文書の冒頭には以下のような記述がある。

　　アプリケーションのどの側面を設計するときも、タスクの実行方法から、アプリケーションの起動と終了の方法やボタンの使い方に至るまで、**ユーザ体験**を真っ先に念頭に置くことが重要です（太字は筆者）。

　この「ユーザ体験」というキーワードは文書に数十カ所記載されており、ガイドラインのなかで、アプリを利用する顧客を考慮して設計開発することの重要性が一貫して主張されている。このような実際の例から見ても、アップルの成功は徹底したユーザ中心の実践であったと考えることができる（もちろん、手法としては筆者らとはまったく異なるだろう）。

　金融業界に目を向けると、顧客体験の改善はビジネステーマとして無視できなくなっている。独自の顧客ロイヤリティ指標を経営目標にもつTD Bankや、顧客と同じ体験をするために行員が軍のキャンプに参加する機会を設けるUSAA（アメリカ軍関係者や家族に特化した銀行）など事例も豊富にある。

　なかでも、Capital Oneによる、顧客体験のコンサルティングサービスを提供する最先鋒Adaptive pathの買収は筆者も大きく驚いた。「サービスとしての金融業」へ時代の舵が完全に切り替わったことを実感したニュースだった。

　顧客体験の重視、ユーザ中心主義とは、壁に掲げられた夢でも、行員が朝一番に唱和するような標語でもない。それは経営を左右する組織的で具体的な活動である。

　海外事例が多くなったため本論はコラム扱いとしたが、日本の金融業の未来も同じ方向にあるのではないかと考えている。

第 II 章

ユーザ中心設計のステップ

1 　繰り返し意識すべき前提

　ユーザ中心設計は、プロセス自体にユーザ視点を取り込んだ手法ではある
が、手順に沿うことで半自動的にユーザ中心サービスができあがるような夢
の手法ではない。サービス設計者が自分たちの都合や道理の押付けに執着せ
ず、ユーザ視点からサービスをとらえる目をもっていないと、期待する成果
が望めない。ここでは特に意識をしてほしい項目について解説する。

　　1　　ユーザ体験の一貫性を意識する
　　2　　ユーザの優先度は変えられない
　　3　　強みはユーザの価値に置き換える
　　4　　先入観を排し、検証する

ユーザ体験の一貫性を意識する

　サービス設計者の担当領域がデジタルチャネルに閉じていたとしても、
サービス全体をユーザ視点から眺めてみれば、さまざまなチャネルが接点と
して存在することに気づく。銀行の口座開設の流れを例にとると、ユーザは
ウェブサイトで口座開設案内ページを閲覧し、登録フォームに入力して送信
する。後日届いた申込書に必要事項を記入して捺印し返送すると、しばらく
後にキャッシュカードや通帳が届く。不明点があればコールセンターに電話
することになる。

　ウェブサイト運営は広報部で、登録フォームがシステム部、申込書送付以
降はリテール部で、コールセンターはサポート部……多くの銀行では所轄部
署が異なっており、たとえウェブサイトにおけるユーザ体験を改善したとし
ても、その後の流れに不備があれば当然成果は出ない。筆者らのプロジェク
トでも、口座開設後に送付する申込書が形式的で非常にわかりづらく、歩留
まりが低い可能性が調査で判明したため、イラスト付きでわかりやすく説明

するよう改善を行ったケースもあった。

　デジタルチャネルとリアルのチャネル、デジタルであっても競合サービス利用も含めた包括的な顧客行動を洗い出し、各接点においてユーザがどのような心理をもつかを意識してサービスを設計してほしい。視野を広くもつには、各媒体に注目するのではなく、ユーザの行動を時系列で追うことでその目に何が映るかを考えるとよいだろう。

　たとえば、デジタルチャネルにおいて顕著に見られる顧客行動として、「比較」がある。住宅ローンだと金利を比較するウェブサイトは検索すればすぐに出てくる。顧客の意思決定プロセスにおいて比較行動は必須であり、比較されることを前提としたサービス設計が求められる。

　厳しいことをいうようだが、競合サービスと比較をしてどこにも強みがないサービスに、ユーザを促すことはできない。「比較をするとどこにも強みがないが、ユーザによく見えるようにコミュニケーションで解決してほしい」といった相談を受けることがあるが、ユーザが選ぶ理由がないサービスは価値がないことと同義であり、プロモーション以前に商品として見直すべきである。デジタルマーケティングは包装紙ではない。

ユーザの優先度は変えられない

　デジタルチャネルによって比較などユーザ行動に新しい変化が生まれたといっても、本質的な部分では変わらないことも多い。たとえば住宅ローンの検討にあたっては、やはり人は金利を一番に気にするものである。銀行としては、なんとか金利比較の戦いを避け、ソリューションとしての資産相談や保険加入など、金利以外の自行の強みを訴求したいと考える。このときに最も手軽な方法だが最も成果が出ないアプローチは、「金利を隠す」ことである。

　店舗でパンフレットを見ている状況であれば、たとえ紙面に金利が表示されていなかったとしてもその場で尋ねればよいし、たいして気に留めないかもしれない。ただデジタルチャネルの場合は、明記されていなければ「自信がないから出したくないのだな。きっと金利は高いのだろう」と判断され、

第Ⅱ章　ユーザ中心設計のステップ　19

ユーザは容易に離れてしまう。

　ことデジタルチャネルにおいては、主導権はユーザにある。ユーザの優先度を把握し、まずユーザが求めているものを提供すべきである。金利を求めている顧客には素直に金利を提示する。その次に、金利が他行と比較優位がないのであれば、それを誠実に認めたうえで、繰上返済における優位性や、金利だけで比較することの危険性やデメリットについて顧客に気づきとなる情報を提示し、興味を喚起する。そのようにGive and Takeで自行の強みを訴求することを考えるべきだ。ユーザの優先度は変えることはむずかしいが、重要度は変えることができる。判断基準を変え、意識を変えることができる。何を伝えるかだけではなく、どう伝えるかを考えてほしい。

強みはユーザの価値に置き換える

　ウェブサイトでは、「○○銀行の特長」「○○商品の特長」と称して、サービス・商品の強みを並べる体裁をとることが多い。ところが、これがユーザにそのまま伝わっていると考えるのはやや傲慢である。

　例をあげよう。筆者らの会社は、ウェブサイトの設計・制作まで携わるが、クライアントへの見積計算の根拠は「ページ単位」ではなく、あくまで「稼働工数単位」であることを特長としている。さて、読者は筆者らの強みを理解できただろうか。

　プロジェクトが始まる前に制作するページ数を計算することはむずかしいし、そもそもページを制作することが目的ではなく成果をあげることが目的とすべきだ。工数単位であれば、プロジェクトのなかで「ページ制作ではなく、広告改善のほうが効果的だ」となれば広告改善にシフトすればよい。つまりクライアントの本質的な課題を解決できるプロジェクトを柔軟に設計できる。

　ここまで書くと、「なるほど」と思われたかもしれないが、前半だけでは「いったい何のことだろう？」「それがどうしたの？」「そのほうが安いってこと？」と疑問もしくはあいまいな納得で止まってしまうのではないだろうか。

銀行のページでも、このような一方的な強みの訴求は多い。「住宅ローンを探しているのだから、それぐらいの知識はあるのだろう」と勝手な思い込みをして、「保証料はかかりません」と一言だけ記載をする。これを見たユーザは、「安いってことか」と思う程度で、それが他行と比べてどれほどの優位性があるのか理解ができない。業界の慣習を打ち破るほど革命的なことなのか、コンビニのレジで箸をつけてくれる程度のおまけ的なサービスなのか。後者であればわざわざ書くことでもないし、前者であれば書いた意味がない。

　強み・特長を書く担当者は頭のなかに他行との違いが明確にイメージされている。だがそれを見るユーザにはその前提は共有されていない。常に、「その特長はユーザにとってどんなメリットがあるの？」「それは他行と比べてどれだけ優位なの？」と丁寧に伝えることを意識しよう。強みはユーザに伝わってこそ価値と認識される。掲載するだけでは単なる情報にすぎない。

先入観を排し、検証する

　これまで、口座開設におけるユーザ行動や住宅ローン検討におけるユーザの心理などを事例として述べてきたが、これらは過去のプロジェクトで確認できた事実ではあるものの、すべての銀行で当てはまる公理ではない。

　銀行が異なり、ユーザが異なり、状況が異なればユーザ行動も変わるしアプローチも変わる。他行の取組みを模倣しても、同じ成果が出るとは限らない。統計的なデータで裏付けされたニーズや、成功例が多く王道といわれるようなサービスも、あくまで設計者の「先入観」「思い込み」であり1つの仮説にしかすぎない。

　ユーザのことを考えてつくったサービスでも、設計にかかわる時間が長いほど、逆説的だがユーザとの乖離は大きくなる。設計者が1時間、1週間、1カ月かけてつくったサービスを、ユーザも同様に時間をかけて使うわけではないからだ。ユーザ中心設計では、サービス設計前の準備段階だけではなく、設計期間中もユーザ行動観察調査を取り入れることで、この乖離を埋める工夫を行っている。

2 ステップ1 目的・目標の定義

なぜ目的・目標を立てるのか

ユーザ中心設計手法のファーストステップに当たるのが、目的・目標の定義だ。理想やスローガンといったあいまいなものではなく、実利的な意味合いで用意する。

ユーザ中心設計では、サービス設計過程で複数回のユーザ調査を行うことはすでに述べた。調査によって繰り返し仮説が検証され、精度は高まっていくが、検証される機会が多いと、それだけ新しい課題や要件の追加も多くなってしまう。調査によって発見されたため、すべての要件がユーザにとってなんらかの価値があるように見える。

だが一般的にプロジェクトが後半になるにつれて要件は細かくなっていくため、そのつど効果とコストを計算して実装要否を検討すると、プロジェクトは停滞してしまう。さらに、多すぎる要件を同時にリリースすると効果検証がしづらく（各要件の貢献度を分解しづらく）、改善がむずかしいためリリース後の成長余地が少なくなってしまう危険性もある。要件を取捨選択するためには、大方針である目的・目標をはじめに決めておく必要がある。

サービス設計初期にプロジェクトメンバの共通理解を得た目的・目標にどの程度貢献しうるのかを検討し、要件の優先度を決めていく。要件としてあったほうがよいかもしれないが、成果への貢献度があいまいなものは、思い切って優先度を下げることが重要である。顧客中心設計においては、目的・目標は壁に掲げるものではなく、繰り返し手元で参照するものであると認識したい。

効果の先読みがむずかしい、新しい分野への挑戦を含んだプロジェクトについては、「どうなるかわからないけどとりあえずやってみよう」と見切り発車的にスタートすることが多い。フットワークの軽さも大切だが、目標が

なければ撤退ラインも決まらず、惰性で続けられることになる。何よりも目標がないと、どの程度経営リソースを投下してよいかの判断ができず、小振りなプロジェクトになってしまう。結果、得られる成果も小振りになる。

目的とは役割のこと

目標は具体的な数値で設定されるべきものという理解があるが、目的については「ありたい姿」とか「目指すべきもの」といった抽象的な表現で説明されるため、備えるべき要件がわからず不明瞭になりがちである。「ウェブサイトを通じてユーザ満足度を高め、目標数値を達成すること」といった言葉にする意味がないような目的を形式的に用意するにとどまり、目的が意識されたのはつくった時だけ、ということになってしまう。

図表Ⅱ－1　サービスの位置づけを決める2つの軸

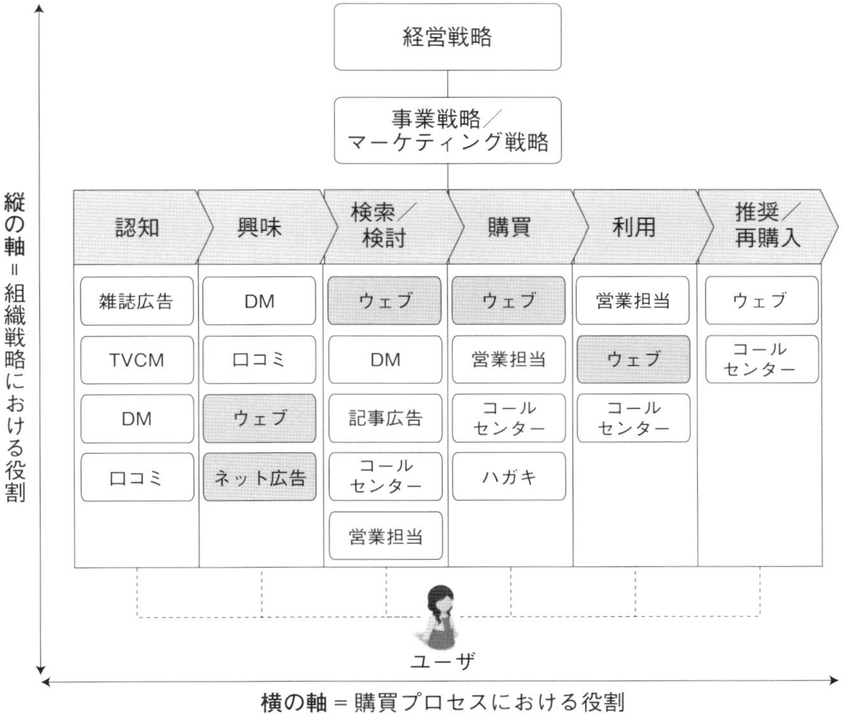

経営戦略

事業戦略／マーケティング戦略

縦の軸＝組織戦略における役割

認知	興味	検索／検討	購買	利用	推奨／再購入
雑誌広告	DM	ウェブ	ウェブ	営業担当	ウェブ
TVCM	口コミ	DM	営業担当	ウェブ	コールセンター
DM	ウェブ	記事広告	コールセンター	コールセンター	
口コミ	ネット広告	コールセンター	ハガキ		
		営業担当			

ユーザ

横の軸＝購買プロセスにおける役割

第Ⅱ章　ユーザ中心設計のステップ　23

ユーザ中心設計手法における目的とは、サービスが担う役割、位置づけを定義することと筆者らは考えている。さらに目的を決めるうえでは、次の2つの軸との関係性を考慮する必要がある。

1　経営戦略上の位置づけ（縦の軸）
2　顧客バリューチェーン上の位置づけ（横の軸）

① **経営戦略上の位置づけ（縦の軸）**
　サービスの目的は、「そのサービスで何ができるか」という下からの積上げではなく、組織全体が目指す方向性から導かれた経営戦略、さらにその構成要素としての事業戦略から落とし込まれるものだ。
　たとえば、近年利用者が増えるスマートフォンに向けてウェブサイトを制作しようとする場合、ついスマートフォンの利用者特性だけに注目し、「新規に若年層の顧客を開拓する」という目標を設定してしまう。もし組織の戦略目標が、既存顧客へのクロスセル・アップセルによる関係性の強化であれば、結果的に若年層の顧客を増やしたとしても、サービスは経営戦略の実現への貢献度が低いものとみなされて正しく評価されず、持続可能性が低いものになってしまう。
　同様に、「最近はこれが流行っている」「これの利用者が5割を超えた」など流行や直近の市場調査に引っ張られすぎるのもよくない。きっかけとしては1つの要素になるかもしれないが、プロジェクトの推進力を保つほどの持続性はないことが多いからだ。中期経営計画など、少なくとも今後数年は継続する方針に沿って実現したい世界を描くことをお勧めする。
② **顧客バリューチェーン上の位置づけ（横の軸）**
　デジタルチャネルは、マーケティング上のさまざまな役割を担うことができる。チラシや広告のようなプロモーションチャネル、パンフレットや営業パーソンのようなセールスチャネル、さらに契約者向けのアフターサポートチャネルなど。これらを顧客バリューチェーンとしてとらえたときに、サービスがどの位置にあるのかを明確にするのが「横の軸」による整理だ。

サービスがバリューチェーン上の一部領域しか担わないものであってもかまわない。その場合は、デジタルチャネルだけではなく、店舗やコールセンターなどの他チャネルとの連携も考慮することで、ユーザ体験に一貫性をもたせることができる。

縦の軸、横の軸を意識すれば、「サービスによって顧客満足を達成し、目標数値を達成すること」という目的では不十分であることが容易に理解できる。

目的の具体例

サービスの目的はプロジェクトの初期に検討されるべきものだが、その後のユーザ調査によって見直しを行い、より成果が期待できる目的へ変更することが望ましい。ただ、毎回調査のたびに変更するような優柔不断な姿勢では、サービス要件を決める判断軸として目的が機能しなくなってしまうため注意が必要である。

筆者らのクライアント事例として、ある銀行のウェブサイトにおける住宅ローン領域改善プロジェクトの目的定義プロセスを紹介しよう。

住宅ローンは、契約をきっかけにメインバンクを移管し銀行との長期的関係が始まる顧客も多く、実行金額トータルで見れば規模が大きいことから個人向け商品のなかでも基幹商品として扱われている。新規契約者のボリューム層である30〜40代はデジタルチャネルとの親和性も高く、「縦の軸」である経営戦略・事業戦略から見て、住宅ローン新規契約者獲得による収益拡大を目的とすることに違和感はなかった。

次に「横の軸」から見ると、住宅ローンは最終的には店舗での対面契約が必要なため、チャネルとしては認知からリード獲得までにとどまらざるをえないという制約はあった。新規顧客は獲得したいが、店舗誘導による営業コスト増は避けたいと考え、なるべく最終契約に近い段階の顧客を獲得するため、「審査仮申込みへ誘導する」ことを目的としてサービス設計を行うことにした。

ところがその後のユーザ行動観察調査の段階で、ユーザがウェブサイト閲覧だけで住宅ローンの契約意思を固めて審査仮申込みまで進む可能性が低い

第Ⅱ章　ユーザ中心設計のステップ　25

ことが判明した。店舗負担は軽くなるが、得られる効果まで軽くなっては元も子もない。そのため、コールセンターや説明会などを活用して不明点の解消や契約への動機づけを行う方針へと転換した。目的を「店舗やコールセンターへ見込顧客を誘導する」ことに変更したのである。

このように、「横の軸」の判断は、プロジェクト過程のユーザ調査で妥当性が検証されやすい。よりターゲットの実情にあった目的へと修正することができるため、ズレがあったとしてもぜひ前向きにとらえてほしい。

同じ商品であっても地方銀行であれば、もともと強みとしてもっていた地域の店舗ネットワーク、コミュニケーション力をデジタルチャネルでも訴求するために、「店舗相談へのハードルを下げ、可能な限り送客する」と最初から店舗誘導に振り切って目的が設定されるかもしれない。これは横の軸を、既存のチャネル資産を有効に活用するという視点から見たときに考えられるサービスの役割だ。

だが、店舗で用意できる人的リソースには限りがある。近年は銀行間の統廃合やデジタルチャネルの追い風もあり、地方銀行といっても従来の営業地域の境界線はないに等しい。営業パーソン1人当りの負担は高まる一方であり、より効率的な業務遂行が期待されている。

このような店舗チャネルでの状況をふまえれば、ウェブサイトの目的として「可能な限り送客する」だけでは非効率で対応が困難になってしまうこともある。商品・サービスの収益性などを考慮したうえで、「ユーザのニーズや検討段階に応じて適切な相談窓口へ誘導する」ことを目的としたほうがよいかもしれない。

「横の軸」を検討するときは、ユーザだけではなく手持ちのリソースの特長や対応余力などサービス提供者側の現状も把握しておかねばならない。

コラム　目的がコミュニケーションを定義する

先ほどの住宅ローンの事例では、店舗誘導を最大化することを目的に置いた。金融商品の場合、大きく分けて店舗へ誘導するか、ウェブサイトなどデジ

図表Ⅱ－2　常陽銀行住宅ローン

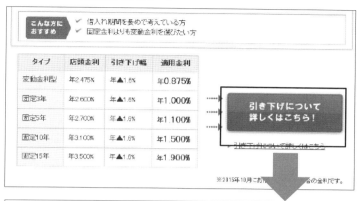

金利引き下げの条件は、お勤め先や物件のエリア、お客様の資産状況などの条件の組み合わせで決まります。

Q. 条件によっては、審査に通りにくい可能性があると聞いたのですが—？
A. 常陽銀行の住宅ローンは、年収や職業などの条件も幅広く、様々な方々にご利用いただいています。
　　また、奥様のパート収入等を合算して評価するなども可能ですので、「自分の条件では無理かな」と判断せずに、まずはお気軽にご相談ください。

ご相談いただいたお客様の声

早めに相談したおかげで、家を建てるときの参考にもなりました。

まだ土地も決めていない状態で相談してみたのですが、金利の引き下げについてわかりやすく説明してもらいました。
「自己資金が多いと金利が低くなる」というアドバイスをもらったおかげで、実際に家を建てる予算を考えるときにも非常に参考になりました。

※上記のコメントは、当行の窓口等に寄せられたお客さまの声をもとに作成したものです。

あなたの条件にあった、具体的な金利をお伝えします

土日も開催中！　相談だけでもOK！
住宅ローン相談会（無料）
Q.相談会では、どんなことがわかるの？

出典：常陽銀行　http://www.joyobank.co.jp/personal/loan/jutaku/kinri/index.html

図表Ⅱ-3　常陽銀行カードローン

ステップ1　インターネットかんたん申込み

インターネットからお申し込みください。審査結果を最短30分で回答します。
（土日祝日などは除きます）

※電話、FAX、郵送でもお申し込みいただけます。

▶ FAXでのお申し込みの流れ　▶ 郵送でのお申し込みの流れ

ステップ2　契約書の記入・投函またはFAXの送信

インターネット上でダウンロードいただける契約書に必要事項をご記入後、本人確認書類をあわせてFAXまたはご郵送ください。

Q　本人確認書類にはどの書類を使うことができますか？
Q　収入証明書類（所得証明）は必要ですか？

※契約書は、ご自宅または勤務先への郵送で受け取ることも可能です。

ステップ3　ご利用開始（最短即日ご利用可能）

通常2～3営業日以内でカードをお届けします。全国の提携コンビニATM（セブン銀行・E-net）や常陽銀行のATMからお借入れください。
お急ぎの場合は最短即日でお振込することも可能です。（常陽銀行の口座をお持ちの方に限ります）※

Q　常陽銀行に口座がなくても、利用できますか？
Q　申込書やカードはどのように送付されてきますか？

※常陽銀行の口座（キャッシュピットの名義と預金口座の名義が同一の場合に限る）をお持ちで、平日午後2時までにお申込み書類が当行まで届いている方

▶ まずは5秒診断　　▶ かんたんお申込み

出典：常陽銀行　http://www.cashpit.jp/nagare.html

タルチャネル上で完結するか2つの方針に分かれることが多い。

　さらにそれは、金融サービス全体ではなく、商品・サービス単位で細かく定義する必要がある。取引金額の多寡や説明の必要性、契約の制約など、さまざまな要因で決めなければならない。多くの場合商品・サービスの特性に依存するが、時代・環境の変化が顧客行動に影響を与えることも留意したい。たとえば、自動車の購入はディーラーなどで試乗することが前提とされているが、近年はAmazonで1クリック購入できる自動車もある。やがてデジタルチャネルで取引される割合のほうが高くなるかもしれない。

　さて、なぜここまで目的を決めることにこだわるかといえば、目的が顧客とのコミュニケーションを定義するからだ。つまりウェブサイトならば、画面やコンテンツが目的によって変わるからである。

　たとえば常陽銀行の住宅ローンでは、ユーザの関心が高い金利ページ上で「店舗で相談すると、自分にあった金利引下げが提案してもらえる」ことを訴求し、無料相談会の予約へと案内している。実際に店舗で相談した顧客の声を紹介することで、より安心感を与える工夫も行っている。これは住宅ローンの目的を「店舗誘導」と設定しているためである。

　一方、同じ常陽銀行でもカードローンのページでは、店舗への導線はまったく見られない。診断コンテンツやコールセンター、直接申込みへと誘導している。カードローンを検討するユーザは、「借入れまでの時間」と「プライバシー」を気にすることが多いため、「手続を簡便化し、審査・振込みのスピードを速める」ことを重視しているためだ。つまりウェブサイト上で申込みを完結させることを目的としている。

　成果があがるウェブサイトは、このように商品・サービスごとに適した目的を設置していることがすぐにわかる。さらに、目的への誘導が恣意的ではなく、ユーザにとっての便益・価値を根拠にしている。

　これをふまえていえば、成果があがらない場合は、見た目やレイアウトなど表面的な要素を疑うより、目的の妥当性を検証することをお勧めする。

　目的は、サービス設計のあらゆるステップで常に意識して、ズレやもれがないかを確認しなければならない。ユーザ中心設計手法によるサービス開発は、行動観察調査というコンパスを手に、常に舳先を目的地へ向けつつ航海する船旅にたとえることができる。

第Ⅱ章　ユーザ中心設計のステップ　29

目標は貢献度の可視化

　目的が決まったら、その達成度合いを測定する指標として目標を設定する。

　かつてデジタルチャネルが情報伝達の場とだけ見られていた時代は、PV（ページビュー）やUU（ユニークユーザ）といった、「どれだけのユーザがアクセスしてきたのか」を示す指標が目標とされることが多かった。役割が営業チャネルへとシフトした現代では、業績に対してどの程度貢献したのか、具体的な売上げやコストとの相関関係を定量化することが求められている。特に組織全体の戦略の一翼としてデジタルマーケティングが存在する場合は、経営層などに説明する共通言語として目標が設定されなければ、活動の貢献度を正しく理解してもらうことができない。

　目標を設定するうえでも、「縦の軸」と「横の軸」が役に立つ。まず、縦の軸で業績指標との関連性を明確にする。先ほど紹介した住宅ローン領域の目的は、「店舗やコールセンターへの見込み顧客誘導」であったが、活動全体のゴールが住宅ローンの販売であれば、最終目標は「ウェブサイト経由の実行金額」と設定する。

　次に、視点を「横の軸」にずらす。最終目標は決まったが、これだけではデジタルマーケティング活動の結果は評価できるが途中のプロセスを評価することがむずかしいからだ。

　顧客のバリューチェーンの最後に最終目標が置かれると考えれば、そこから逆算あるいは因数分解するかたちでバリューチェーンをさかのぼっていき、測定可能な指標を洗い出していくとよい。ためしに住宅ローン領域で簡単に書き出してみよう（以下、すべて「ウェブサイト経由」が前提）。

　次に、ここであげたなかでどれを目標にするかを決めよう。すべてを目標に設定することも可能だが、組織内で流通することを考えると、目標はシンプルにわかりやすくしたほうがよい。多すぎると項目当りの重要性が下がってしまうデメリットもある。

　数値のなかには、目標としてふさわしくないものも含まれている。たとえ

図表Ⅱ－4　バリューチェーンに沿った目標候補

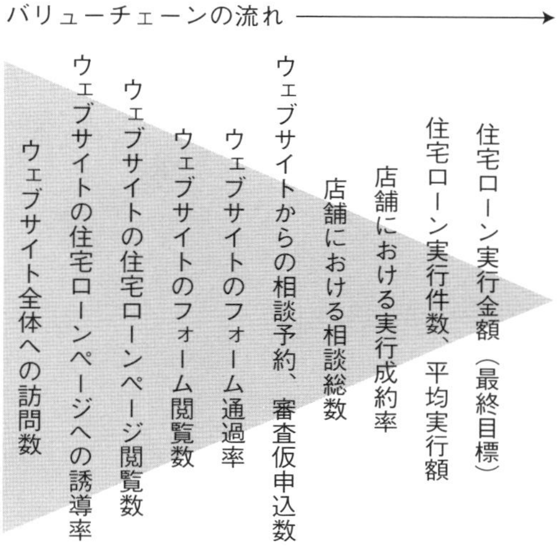

バリューチェーンの流れ ────────→

住宅ローン実行金額（最終目標）

住宅ローン実行件数、平均実行額

店舗における実行成約率

店舗における相談総数

ウェブサイトからの相談予約、審査仮申込数

ウェブサイトのフォーム通過率

ウェブサイトのフォーム閲覧数

ウェブサイトの住宅ローンページ閲覧数

ウェブサイトの住宅ローンページへの誘導率

ウェブサイト全体への訪問数

ば住宅ローンの平均実行額は、ウェブサイトの改善活動によって高まるものではないからだ（もちろん、「実行額○円以上の方のみ受付」とすればよいが、現実的ではない）。さらにウェブサイト全体への訪問数も、住宅ローン領域だけの取組みで上げることはむずかしいだろう。

　商品によっては、申込フォームのようなものがなく、店舗訪問へのウェブサイト貢献量を正確に測定できないことがある。その場合は、「店舗へ訪問しようと思ったらユーザはどこを見るか」という観点で考える。もし店舗一覧や最寄りの支店地図を閲覧する可能性が高いと想定できれば、これらの指標を目標として設定することが選択肢の1つだ。

　さらに、視点を変えて店舗から指標を取得することもできる。たとえば店舗に来訪した顧客にアンケートをとることで、事前にウェブサイトを閲覧したかどうかをある程度指標化することもできる。このように、ユーザ体験の時系列を意識して目標を設定するとよい。

目標値は論理的に

　目標指標が決まったら、次に目標値として数値を入れる。特別な手順はな

く、過去の取組みや他行の実績、他業種の事例や統計データを参考に決めることになる。ただ、「フォームを改善することで５％上がるのか６％上がるのか」などと、より確からしい目標値を設定することに時間を費やすことは避けてほしい。正解は存在しない。

　最終目標以外の目標値を設定することは、「最終目標を達成するアプローチ」の選択でありリソースの配分作業でもある。住宅ローン実行金額を10倍にする最終目標があったとして、これを「どのように」達成するのかを決める。店舗誘導率を高める方法をとるのか、ウェブサイト閲覧数を新規に増やす方法をとるのか。一気に増やしていくのか順に改善するのか、中長期の時間軸も意識しなければならない。

　目標は、リリース後にすべての指標が一気に変化するわけではなく、当初予定していた前提条件が崩れ、一部の指標の上昇余地が小さくなることもある。予想と実際がずれることも考慮に入れるのであれば、外部・内部環境に

図表Ⅱ－５　目標推移のシナリオ

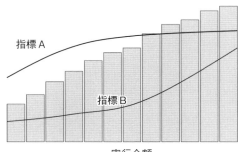

楽観シナリオ──
まずは指標Ａをリリース３カ月で目標値まで改善し、以降維持する。次に指標Ｂにフォーカスし、１年後の最終目標達成を目指す。

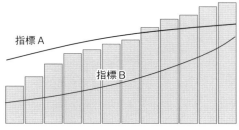

悲観シナリオ──
予想ポテンシャルが小さく、指標Ａの伸びが２カ月目でＸを超えない場合は、指標Ｂ改善への注力を前倒し。楽観シナリオの実行金額目標との乖離を10％以内に抑える。

対する認識に幅をもたせて、時系列の目標推移予想を 2 〜 3 パターン用意しておくとよいだろう。このあたりは事業立案やファイナンスにおける戦略シナリオ分析と同様の考え方が適用できる。

デジタルマーケティングに専門知識は不要

　ここまで目的・目標の重要性や意識すべきポイントについて解説したが、「マーケティングの定石となんら変わりないではないか」と読者は感じたかもしれない。この先でややなじみが薄いプロセスを紹介するものの、基本はそのとおりである。デジタルチャネルになると、エンジニアによる専門技術領域もしくはデザイナによる感性領域で議論されるものではと思われがちだが、ことビジネス活動として取り組むなら、あらゆる場面でマーケティング観点から合理性や貢献度が評価されるべきである。

　時にデジタルサービスは、マーケティング活動という自覚がなく、経営戦略や事業戦略を参照しない外部業者によって、勘と経験だけで開発されてしまう。デジタルサービスは比較的コストを抑えて開発することができるが、ビジネス理解までローコストですませてはいけない。サービス設計者としては、戦略との整合性や投資対効果など判断基準の違いはどうあれ、確かな根拠をもって関係者との調整を進めてほしい。

第Ⅱ章　ユーザ中心設計のステップ　33

3 ステップ2　ターゲット・価値定義

なぜターゲットを決めるのか

　デジタルチャネルはセルフサービスチャネルである。店舗のように顧客の来訪が見えるわけではないし、対面接客することもできない。オンデマンドでサービスを提供することができない以上、前もって仕掛けておく必要がある。「こんな不安をもった、こんなユーザがウェブサイトを訪問するのではないか」という顧客の姿を描いて、「彼らはこのような疑問を抱えてこのような行動をとるから、この情報を見てもらおう」とコミュニケーションをあらかじめ設計しておく。

　結果的に、「これは自分にぴったりのサービスだ」という特別感を抱くユーザが多いほど、得られる成果も大きくなる。ターゲットを絞り「だれのためのサービスなのか」を明確にすることが、セルフサービスの高付加価値化には欠かせない。

　ターゲット明確化のメリットについて、別の観点からも説明したい。いまここに、リモコンが2つ置いてあるとしよう。1つは画期的なリモコンで、TV・レコーダー・オーディオ・エアコン・照明がたった1つで操作できる。だがボタンは100個ほどあって、使い方を覚えないといけない。1つのボタンに複数の機能が割り当てられている場合もある。もう1つのリモコンは、照明のオンオフだけができるボタン1つのシンプルなものだ。よりターゲットの間口が広いのは前者のリモコンだが、照明だけを操作したい場合に役立つのは後者であることは明白だ。

　さらにこの例からは、ターゲットが広いからといって、得られる成果も大きくなるとは限らないこともわかる。ユーザの目的はほぼ単機能のため（TVとエアコンを同時に操作しようと思う人は少ない）、リモコンが多機能であればあるほど、ユーザにとって使いづらくなってしまう。これは読者の経験から

も思い当たるのではないか。

　ターゲット定義になると、「ターゲットの絞込みは機会損失を生む」と懸念して、なるべく広く抱え込もうとしてしまう。収益を生みたいのであれば、むしろ狭くしたほうがよい。網羅性を追求したいなら、ターゲットを絞ったサービスを複数用意しよう。

「行動」に影響を与える要素は何か

　資産規模のような、経営戦略でよく持ち出されるターゲット分類をそのままウェブサイトのターゲットに当てはめようとするのは間違っているだろうか。サービスの目的を定義したとき、「縦の軸」で経営戦略とのつながりを意識したように、なるべくなら同じターゲット分類を使いたいところではある。

　結論をいえば、資産規模による分類は、サービス設計においてはあまり役に立たないことが多い。たとえば、一口に「預金額1,000万円のユーザ」といっても、年齢や性別、職業や心理などあらゆるパターンが考えられ、同じ状況下にあってもユーザの判断や行動が変わることは容易に想像できる。条件の1つとして考慮することはできるかもしれないが、資産規模だけをセグメントの軸とすることは現実的ではない。

　ユーザ中心設計手法では、「ユーザの行動」に影響を与える項目でターゲットを分類することを勧めたい。たとえば、住宅ローンでは商品の性質上「新規」と「借換え」顧客に分かれるが、これはターゲット分類にそのまま使うことができる。明らかに両者は行動に違いがあるからだ。ほかにも、以下のような要素は分類の候補になる。

・年齢、性別、居住地域などデモグラフィック属性
・認知度（知っている、知らない）
・経験有無（経験あり、経験なし）
・関心度（関心あり、関心なし）
・習熟度（初心者、中級者、上級者）

第Ⅱ章　ユーザ中心設計のステップ　35

・利用デバイス（デスクトップ、モバイル）

価値を定義する

　ターゲット分類は単なるラベリングであり、これだけでサービス設計に進むことはできない。次にターゲットの心理状態を推測し、「ターゲットにとっての価値」を定義する。

　価値とは抽象的な言葉であるが、だいたい以下の2つのどちらかに当てはまるような、「対価を払ってもよいと感じる顕在的、潜在的な希求」である。

　・不安・不満・不足・ストレスの解消
　・期待・希望・重視している・大切にしていることの充足

　これらは、恒常的な場合もあれば一時的な場合もある。たとえば、持病を抱えている人は常に健康不安があるといえるし、さまざまな商品について一貫して安さを求める人もいる。思いが強いほど、価値「観」として固定化されることになる。おそらく学問分野でさまざまな理論があるのだろうが、正確さや厳密さを求める必要はまったくない。マイナスを埋めていくものとプラスを重ねるものが価値になる、程度に意識すればよい。

心理・価値はターゲット分類になる

　先ほどはターゲットを「ユーザ（人）」としてセグメントしたが、そうである必要はない。たとえば、最初は初心者・経験者という軸で分類したが、その後心理・価値を検討していくと、経験有無にかかわらず「価格の安さ」への期待が行動を左右しそうだという仮説が強まれば、「価格の安さを求める層」として再定義するほうが施策を検討しやすくなる。

　心理・価値やユーザが置かれた状況などで分類すると、正確な市場ボリュームの推計やターゲットの網羅がむずかしい。だが、これに不安を覚える必要はない。ユーザ中心設計の目的は、市場を統計処理することではなく、コミュニケーションの方針を策定することである。細かいところの抜け

もれにこだわるのではなく、よりユーザの行動に影響を与える大きな要素は何か、を考えることに力を割いてほしい。

ターゲット・価値はバイアスがかかりやすい

　ターゲットと価値を考えるステップでは、常に「バイアス（認知の偏り）が発生していないか」と自分に問いかけて慎重に進みたい。特に商品・サービスについての知識が多いサービス設計者の場合、過去の経験や業界の常識、統計データなどを無批判に信じ込んでしまい、「これが普通だ」というターゲットや価値を考えてしまうことがある。これは間違いではないが、市場競争が激しい現在では、「ありきたり」のターゲットで頭1つ飛び抜けた成果を出すことはむずかしく、広告の大量投下などの物量戦を余儀なくされてしまう。

　検討や検証を重ねた結果、最終的に従来のターゲット・価値に収まることはあっても、サービス検討の初期から他の可能性を排除してしまうことは避けたい。バイアスは無意識に起こることが多いため完全に除外することはむずかしいが、心がけである程度は防ぐことができる。

　まずターゲット定義においては、前提となっているセグメント軸を意識して、ターゲット以外の象限も可能性として考慮しておくことが有効だ。たとえば、NISA（少額投資非課税制度）のターゲットをなんとなく「投資初心者」や「若年層」としているのであれば、経験軸における「経験者層」や、年齢軸における「壮年層」も実はねらい目なのではないか、とぼんやり考えておく。結論は初期に出す必要はなく、判断を保留して先に進め、たとえば第1回目のユーザ行動観察調査の後などで最終決定すればよい。

　次に価値については、「サービスの存在有無にかかわらず、ターゲットが価値と感じるもの」を考慮するようにしたい。洗い出すときに、ついサービス設計者の視点が入ってしまい、自分たちが提供したいと思っている価値（自分たちのメニューにある価値）を想定してしまうことがある。これが価値定義に係るバイアスである。もちろん顧客がそれを望む指名買いのようなケースもあるため、すべて棄却する必要はないが、視野が狭くなってしまう

第Ⅱ章　ユーザ中心設計のステップ　37

可能性がある。

　筆者らのクライアント事例を紹介しよう。ある金融機関では、自社のカードローン商品について、「新規借入れを検討する低所得者」をターゲットに、「金利の低さ」をターゲット価値と定義し、比較優位性のある固定金利を武器にウェブサイトでプロモーションを実施していた。カードローンを扱う金融機関なら、おそらく十中八九はこのような定義になるのではないか。市場規模で見てもボリュームゾーンはここになるだろう。常識ともいえるが、これが同時にバイアスにもなる。

　ユーザ調査を行ったところ、想定した低所得ユーザに金融機関の強みである金利の低さは伝わっておらず、場合によっては金利が高い他行に興味を示す行動が観察された。調査の結果、以下の2点が明らかになった。

　・ターゲットと定義した低所得ユーザは資金切迫度が高く、金利も重視するがそれよりも「審査から借入れまでの期間の短さ」に強い関心があった。この点では比較優位がなく、競合に負けていた
　・競合の金融機関では金利が「4〜8％」などと幅をもって表示されており、自分にどの金利が適用されるか感覚がつかめず、固定金利の低さが実感されなかった

　当初ターゲットの価値と想定していたものが最重要価値ではなかったこと。さらに、価値と想定していたものすらユーザに正しく伝わっておらず、価値として認識されていなかったことが判明した。この金融機関では自らのバイアスに気づき、既存のターゲットはボリュームがあるが勝機がないと判断し、再度見直すことになった。その後仮説構築と検証を重ね、盲点となっていた「借換えユーザ」に対して、競合が満たしていない価値があることを発見した。ボリュームゾーンを避けたことで成果の縮小が懸念されたが、結果として口座開設数は10倍、貸付金額は100億円以上と期待を超える増加となった。

　当初は「常識」「王道」「ボリュームゾーン」となるターゲットや価値を想

図表Ⅱ－6　投資信託のターゲット価値例

バイアスがかかったターゲット価値	中立的なターゲット価値
・A銀行（自行）の投資信託がほしい ・Xファンド（自行取扱いのファンド）を購入したい ・有名な、大手の銀行で購入したい ・毎月1万円からできる積立で投資信託を買いたい	・だれかのアドバイスを受けながらポートフォリオを組みたい ・インフレによる預金の実質目減りをカバーしたい ・早期退職金を遊ばせるのではなく、少し高めのリターンを目指したい

定するが、やがてそれは幻想に近いことがわかり、正しい「あるべき姿」を探す。結果、有望と考えられる仮説はこれまでの経験にはない選択肢のために採用を逡巡するが、強い覚悟をもって実行することで大きな成果を得ることができる。結果から振り返ると筋書きのよい美談のようにも映るが、プロジェクト渦中のサービス設計者は暗中模索で常に大きな不安が胸を占めている。その心の支えになるのが、実際のユーザによる検証と反応の取得である。机上の空論で終わらない本手法は、サービス設計の自信を深めることにも役立つ。

　価値を定義するときには、いったん洗い出した価値を、バイアスの有無で選別するステップを入れるとゆがみに気づくことがある。チェックリストで反証するのでもよいが、あえて事務的な作業を挟むことで、冷静にバイアスに気づくことができる。プロジェクトの他メンバのレビューを入れることも有効だ。参考までに、投資信託のターゲット価値の洗い出し例を書いておく（図表Ⅱ－6参照）。

仮説でよいので考えよう

　ターゲットの心理・価値を客観的に考えるためには、私見を捨てて、ユーザが置かれた状況に身を投じる必要がある。そのためには、統計資料やアンケート、チームでのディスカッション、家族や他業界の友人でもよいので、参考情報を事前にできる限り集めておきたい。

　先ほど紹介した例のように、ターゲット分類や心理・価値は、ユーザ行動

観察調査を経ることでより確からしさを強めることができる。たとえ分類が適切ではなかったとしても、調査前にしっかり仮説をもっておくことで、「仮説と実際のズレ」に意識が集中し、改善に役立つヒントが得られる。これはターゲット分類に限らず、この後のシナリオやサービス設計といったプロセスでも同様だ。「調査をしてインプットを得よう」と他力本願で進めるのではなく、「きっとこうではないか」と仮説をもって臨んでほしい。

たとえば、TVで天気予報を視聴するときに、「気象予報士は断定的な表現をしないはずだ」と思って観ると、レポーターの発言の語尾に自然と注意が向くようになる。断定的な表現をとるときは前置きをするなど、細かい配慮もわかる。ただ何も考えずにTVを眺めているだけでは、「明日は雨かな」程度しかインプットが得られず、忘却の速度も速い。仮説は意識に張られた網のようなもので、何もなければ情報はただ通り過ぎるだけで何の意味ももたない。

ヒントは現場に落ちている

筆者らの経験のなかで、事前検討時に有効活用できる情報源を2つ紹介したい。

1つは、ユーザの行動履歴である。ウェブサイトならアクセス解析がこれに当たり、検索サイトのキーワードを見ると参考になることがある。「地名＋住宅ローン」での流入が多ければ、まだ銀行に口座を開設していない新規ユーザが多いのかもしれない。サービス名での検索があれば、どこかで一度接触があって確認のために訪問している可能性が考えられる。あくまでウェブサイトに訪問経験があるユーザの行動しか追えないが、データとしては参考になるだろう。

加えて大きなヒントになるのが、店舗の営業担当やコールセンターなど、日常的に顧客と相対している担当者へのヒアリングだ。彼らは顧客の疑問や不安を受けて回答するという、まさにウェブサイトが果たすべき役割の「模範」でもある。外部調査とは異なりコストもかからない、理想的なインプットであるが、進行にあたっては以下の点に注意してほしい。

1　デジタルチャネルのユーザとの違いを意識する

2　責任者ではなく、現場の人間に訊く

3　実績をあげている人間に訊く

① **デジタルチャネルのユーザとの違いを意識する**

商品・サービスによっては、店舗に訪問する顧客層とウェブサイトにアクセスするユーザ層とに大きく乖離がある可能性がある。たとえば住宅ローンであれば、「ウェブサイトを閲覧し、店舗で契約する」ユーザの行動が想像されるため、そのズレは起こりにくい。一方、投資信託などウェブサイトで取引を完結できるような資産運用商品については、わざわざ対面で契約する手間をかける顧客の属性を把握しても、参考にはならないかもしれない。

「このような不安を抱える顧客は、こういった情報をほしがる傾向にあった」という情報なら、利用チャネルによらない顧客の特徴と理解できるが、「店舗に来訪する顧客はこういう人が多かった」などチャネルにひもづく情報は解釈に気をつけたい。

違いを意識するとはいえ、ヒアリング対象者の人選に「デジタルに詳しい人」などの条件を入れる必要はまったくない。意識をするのはインタビュー後でよく、ヒアリング自体は何の配慮もいらない。

② **責任者ではなく、現場の人間に訊く**

より根拠が明確な情報を引き出そうと、店舗営業の責任者（支店長）やコールセンターのマネージャなど現場の責任者をヒアリング対象としてしまいがちだ。間違いではないが、情報の鮮度が落ちてしまう可能性がある。責任者やマネージャクラスになると、業務はマネジメントが主になるため、現場からは離れてしまっている可能性がある。顧客との接点があるとしても、マニュアルで対応できない要望やトラブルなど、特殊性の高いケースに限定されていることが多い。

日常の営業現場で顧客と接し、ちょっとした疑問やニーズを細かく拾う機会をもっている現場の担当者にヒアリングをしよう。目的はあくまで担当者の「過去の経験」という事実情報を通じてターゲットを明らかにすること

第Ⅱ章　ユーザ中心設計のステップ　41

だ。担当者の「意見」をもとにサービスを設計するわけではない。現場の責任者が気にしているのであれば、その意図を事前に伝えておくとよいだろう。

　ヒアリングとは異なるが、コールセンターや問合せ対応などの現場に立って顧客サポート業務を体験することは参考になる。文章として顧客の声を目にするのではなく、実際に聞いてみると、顧客がどこに悩み、どこに不満を感じているのかを肌で感じることができる。現実的にむずかしかったとしても、せめて問合せの録音データを聞くことぐらいはしてほしい。同じ言葉でも、音・アクセントがつけばこんなに印象が違うのかと驚くだろう。

③　実績をあげている人間に訊く

　ヒアリングをする機会を設けるのであれば、ターゲット定義だけではなく、ユーザに対してどのようにコミュニケーションすればよいかというサービスの打ち手を考えるヒントについても訊いておきたいところだ。

　この情報については、単に現場で顧客と接点があるという条件だけではなく、適切な対応で顧客の信頼を獲得し、成果を出している実績がある担当者が望ましい。彼らの営業スタイルをモデルにしてサービスを設計すれば、彼らと同様の成果をあげる可能性が高まるからだ。

　実績をあげている人は、顧客の心理やニーズの細かい変化によく気づき、タイミングを計りながら適切な行動を選んでいることが多い。「顧客志向」が独りよがりになっておらず、顧客の視点をもって自分の活動を客観視し、行動と反省とを繰り返す習慣がある。つまり、自然とユーザ中心の設計のプロセスを経ていることが多い。

　ある銀行店舗の営業パーソンは、新規口座開設者向けのカードローン契約数で大きな成果を出していた。営業方法を詳しく訊くと、カードローンという名前をいきなり出して契約を迫るのではなく、口座開設時に「残高不足時にバックアップするサービスがあります」として案内して契約に結びつけているとのことだった。ただカードローンを案内するのは、無理にオプション契約を迫っているようにしか見えない。だが、顧客の心配ごとに当てはまるフォロー、サポートとして案内すると同じ商品であっても印象は180度異な

るはずだ。

　このように、個人の努力や工夫というかたちで現場にヒントが埋もれていることは少なくない。それらの情報は、「検証ずみ」の成功確度が高い打ち手である。ぜひ活用してほしい。

認知・流入経路を把握する

　これまで接触がなかったユーザが、突然ウェブサイトを訪問することはありえない。出稿した広告であったり、TVCMを観た後の検索経由であったりと、どこかでウェブサイトを認知して、訪問する。

　出稿した広告で商品への誤解を与えてウェブサイトに訪問させていれば、その後のコミュニケーションで顧客化することはむずかしい。ユーザが利用する媒体間のつながりを意識しなければならない。TVCMでキャンペーンや商品・サービスの告知をしておきながら、スマートフォンサイト上ではCMで紹介したものがいっさい案内されておらず、ユーザ行動が断線してしまっている事例もある。ここには組織の分断構造が露呈されている。たとえ広告がサービスや担当領域の範疇外だからといって、無視することはできない。ユーザにとってみればそれは一貫した体験だからだ。

　広告からユーザの興味を知ることもできる。出稿している広告の成果（クリック数やCVR）を見ることで、ユーザがどんなキーワードやどんなクリエイティブ（内容）に興味関心があるかわかる。ここでも、注目すべきは「その広告で何を表現し、訴求しているか」ではなく、「その広告を見たユーザが何を思うか」というユーザに伝わった内容である。

　認知・流入経路はさまざまあるが、代表的なものを図表Ⅱ－7に記載する。

図表Ⅱ－7　認知・流入経路

認知経路	TVCM、交通広告、雑誌広告、チラシ、DM、比較サイト、口コミ
流入経路	バナー広告、テキスト広告（リスティング広告）、アフィリエイト広告、メール広告、動画広告、スマートフォン向け広告

第Ⅱ章　ユーザ中心設計のステップ　43

正しい競合を把握する

　この段階でもう１つ把握しておきたいのは、ユーザが比較対象にする競合である。デジタルチャネルが普及する以前であれば、同じ地域の競合を意識するだけでよかったかもしれないが、距離の制約がなくなってしまった現在では、デジタルチャネルをもつ金融機関すべてが競合候補になったと考えることができる。

　ユーザがどこと比較をしているのかでコミュニケーション方針が変わる。住宅ローンでも、デジタル専業銀行がメイン競合であれば、金利で勝負するのはむずかしいだろう。都市銀行が競合であれば、地方銀行は地域地盤やブランド力を積極的にアピールしたほうがよいかもしれない。競合といっても、意識すべきは「自分たちにとっての競合」ではなく、「ユーザが比べている競合」である。同じ地域になくても、もしかしたら金融機関でなくても、競合になる可能性があるのだ。たとえば、教育ローン商品の競合は他社の教育ローンだけではなく、奨学金もある。競合という言葉のほかにも、「代替」「その他の選択肢」と言い換えて思考の範囲を広げるとよいだろう。

　競合については、契約者へのアンケートや現場へのヒアリングで情報収集することができる。ただ、できれば契約に至らなかったユーザにも対象を広げ、「どこと負けてしまったのか」を把握しておこう。

ターゲット検討例

　ここで、筆者らが実際のプロジェクトで検討したターゲット分類について紹介したい。はじめに断わっておくが、説明用に実際のアウトプットから変更を加えている。守秘義務もあるが、「この商品はこうセグメントするのが正解なのか」と思ってもらいたくないからだ。大切なのはプロセスであって、アウトプットは同じ商品・サービスでもサービス設計者によって異なってしかるべきだ。あくまでターゲット自体はフィクションとして認識してほしい。

　ある住宅ローンのウェブサイトリニューアルプロジェクトでは、初期ユー

ザ仮説として「物件購入段階（検討中か決定後か）」と「自行との取引有無（既存顧客か新規か）」の2軸でターゲットを分類した。物件購入検討中のユーザは住宅ローンの知識がなく動機もまだ弱いため「幅広い」情報収集がメインであり、物件が決まれば早々に住宅ローンの契約が必要なため、申し込む前提で「絞込み」目的の閲覧が多いと想定した。取引有無については、既存顧客であれば他金融機関との比較はあまりせずに、「優遇金利」の条件をメインに気に掛けるのではないかという仮説をもった。

　このように、初期仮説については心理・価値を細かく探るというより、一般的にはこうではないか、という観点で論理的に検討していくことをお勧めする。そこまで時間をかけてほしくないことと、後で変更する可能性が大きいからだ。

　「新規契約」「借換え」という分類も考えられたが、この銀行では、経営戦略として新規契約者を増やすことにリソースを集中することが決まっていたため、はじめから借換えは除外して検討した。これが縦の軸との整合である。

図表Ⅱ－8　住宅ローンセグメント〈初期〉

		既存顧客	新規顧客
物件検討段階	検討中	**検討中の既存顧客** 具体的に調べていない。付合いがある金融機関を第一候補に。	**検討中の新規顧客** まだ金融機関を絞りきれておらず、情報収集の段階（知識もあまりない）。
	決定後	**決定後の既存顧客** 他金融機関は候補にない。審査や金額、優遇条件についての期待値が高い。	**決定後の新規顧客** 金利や手数料など、具体的な条件で比較サイトなどで絞り込む。

自行との取引有無

第Ⅱ章　ユーザ中心設計のステップ　45

まず、実際に顧客と対面する店舗の営業担当者と不動産会社に向けた提携ローンの営業担当者にヒアリングを行った。先ほどのターゲット分類を見せたうえで、顧客についての事実情報を収集し、担当者の経験と一致する部分や相違がある部分を確認していった。このようにヒアリングも手ぶらで臨み聞くだけではなく、1つの仮説検証として進めていくと有意義になる。

　ヒアリングでは、以下のような事実が把握できた。

・住宅ローンを主に検討するのは物件が決まってからであり、それまでは関心をあまりもっていない
・物件が決まった後も、住宅ローンについてじっくり勉強する時間はない。物件検討前後で知識が飛躍的に変わるわけではない
・銀行の口座をもっている顧客であっても、人生最大のイベントのため他行とフラットに検討し、条件がよければメインバンクを変更することも躊躇しない
・不動産会社から提携ローンを紹介された場合でも、自分でメリットを再確認する

　これらをふまえると、「物件検討段階」というターゲット分類はよさそうだが、「取引有無」についてはあまりユーザ行動に影響を与える要素にはならなさそうだということが判明した。これよりも、不動産会社の存在がユーザ行動に変化をもたらしている可能性が高い。そこで「取引有無」を「不動産会社による紹介有無」に変更し、このセグメントで今度はユーザ行動観察調査を実施した。

　ヒアリングを行うだけでもターゲット理解と心理・価値の仮説をアップデートすることができる。

　次に、実際のユーザで住宅ローン検討行動を観察すると、大筋ではヒアリングで聞いた顧客行動に沿ってはいるものの、部分的に想定とは異なる動きが見られた。

図表Ⅱ－9　住宅ローンセグメント〈ヒアリング後〉

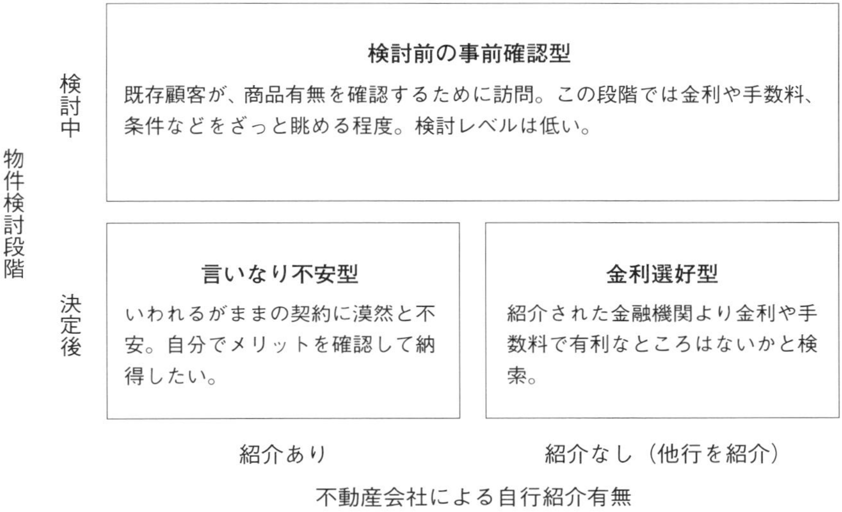

物件検討段階

検討中

検討前の事前確認型
既存顧客が、商品有無を確認するために訪問。この段階では金利や手数料、条件などをざっと眺める程度。検討レベルは低い。

決定後

言いなり不安型
いわれるがままの契約に漠然と不安。自分でメリットを確認して納得したい。

金利選好型
紹介された金融機関より金利や手数料で有利なところはないかと検索。

紹介あり　　　　　　　　　紹介なし（他行を紹介）

不動産会社による自行紹介有無

・物件検討中のユーザは「住宅ローンの選び方」など初歩的なコンテンツを目にするが、物件が決まった後のユーザでも、選び方に不安をもっているケースがある。

・不動産会社から紹介を受けたユーザでも、その話はいったん頭で保留し、自分自身でより条件のよい住宅ローンを探す傾向にある。

・まずは金利に注目し、第一次選考が行われる。その次は選定軸があまりなく、「自分にとって適切」な住宅ローンは何か悩むようすが見られた。

・どのユーザでも、自分が借りられる金額について不安をもち、サイトだけでは解消されないようすが見受けられた。

　このように、リアルとデジタルチャネルでの顧客行動には違いがあることは珍しくない。ヒアリングが間違っていた、ということではなく、そういうものだと考えてほしい。

　クライアントとも議論を重ねたうえで、最終的なターゲットとしては、「物件検討段階」のようなユーザタイプで分類するのではなく、ユーザに

第Ⅱ章　ユーザ中心設計のステップ　47

とっての価値（この場合は具体的なニーズや不安）で分類することにした。「優遇金利ニーズ」「選び方の不安」「借入額の不安」の３つに分類し、その後のシナリオ設計に進んだ。

　１人のユーザが３つすべて兼ねているケースもあれば、ウェブサイトで閲覧していくなかで時系列的に変化していくこともある。市場規模の推定ができないので、「どのターゲットを優先して攻めるか」という戦略的な判断はむずかしくなる。一方で、「この３つを満たせば顧客がアクションを起こす」というコミュニケーションの指針としてそのまま使うことができるため、その後の打ち手は考えやすくなる。

　どちらにするか、はサービス設計者の判断でかまわない。大切なのは、「だれに対して（何に対して）」サービスを提供するのかという具体的な仮説をしっかりもっておくことだ。

4 ステップ3　シナリオ作成

シナリオとは何か

　冒頭で、シナリオは「ユーザの心理を根拠として、打ち手を論理的に組み立てゴールまで導いていく」コミュニケーションであると説明した。ユーザ中心設計とは、シナリオ設計であるといってもよいくらい、シナリオはサービスの根幹にある。あらゆるウェブサイト、ページ、果てはページ内の1段落に至るまで、すべてにシナリオは存在する。この広告はこのサイトに誘導し、このページからこのページを案内し、この段落を読んだ人には次にここを見せる、というように、前後関係を意識し、「点」ではなく「線」として設計する。もちろん、右から左にただ流すのではなく、ユーザの心理にポジティブに働きかけたうえで、アクションへの動機を高めて次に流すのである。シナリオ作成とは、関数 $y = f(x)$ を定義することと言い換えてもよい。

1　ユーザの心理・（期待）価値（入力 x）
2　ユーザへの提案・働きかけ（関数 f）
3　期待する心理変化・行動（出力 y）

　ユーザのことを無視したシナリオは、何のアウトプットも生まない。ウェブサイトを閲覧するユーザの流れを記述し、最後に「商品・サービスへ申し込む」で終わっているかたちだけのシナリオを見かけるが、これは提案・働きかけが考慮されていない。どういう心理変化を及ぼしたいかを考慮せず、ユーザの要望にそのまま素直に反応するだけでは、こちらが意図する行動を促すことができない。このように、成果が出ないマーケティング活動は、この3要素のいずれかに欠陥があって、式として成立していないと考えること

第Ⅱ章　ユーザ中心設計のステップ　49

ができる。

　さらに、シナリオはユーザとサービス設計者どちらかの意図を一方的に記述するものではなく、双方にとっての価値があるからこそ「コミュニケーション」が成立することを式の等号が表している。

　シナリオは、サービス全体を貫通するユーザ体験であったり、1ページのなかでのユーザ導線であったりと、粒度がさまざまだ。ただ、どんなときもこの3要素をセットで考える習慣をつくってほしい。もちろん、事前のシナリオが実際に100%機能することはない。だが、シナリオがないと何パーセント機能しているかわからない。

サービスの優位性を洗い出す

　シナリオは、ユーザとのコミュニケーションを通じてサービスの強みを正しく理解してもらう手順である。理解を通じて、サービスの強みが前ステップで定義したターゲットの「価値」に転化したときに、サービスは対価を得ることができる。サービス設計者の立場から強みを洗い出せばよいが、常にユーザのどんな価値につながるのかを考える。

　強みとは、「他にはない特長」であるから、「優位性」と置き換えてもよい。つまり比較対象が必要である。一般的には以下の2つになる。

・競合と比べた優位性
・他チャネルと比べた優位性

①　競合と比べた優位性
　強みをあげていこうとすると、ついこれまで店舗などで案内していた点とは違う、「デジタルチャネルならではの特長」に注目しがちになる。たとえば銀行ウェブサイトで外貨預金の販売促進を行う場合、その強みを「ウェブサイトにおける情報提供の速報性、独自の金利優遇」と目新しい点を訴求してしまう。これも特長であることには変わりないが、ユーザへの強い動機づけになるかは疑わしい。これまでずっと店舗で外貨預金を取引していた顧客

であれば、デジタルチャネルの特長を伝えることが理にかなっているだろう。だがターゲットをより広くねらうのであれば、視野を広げる必要がある。

　まずデジタルチャネルということは忘れて、自行の外貨預金そのものの特長は何か、特に、競合の外貨預金との違いは何かに注目する。

　もし、「他の銀行よりも取扱通貨数が多い」ことが違いだと気づいたならば、それをユーザ視点からの価値として言い換えて表現してみよう。「通貨数が多いことで、リスクを分散して投資できる」とすると、ユーザがより興味をもってくれるかもしれない。

　競合との違いを語るならば、実績も大きな武器になる。「お客様に選ばれて売上げNo.1」を繰り返し訴求する広告を見かけるが、実際に大きな効果があるから続いているのだ。実績はさまざまな切り口で、なるべく多く集めておきたい。筆者らのお勧めは、ターゲットに近い属性のデータを収集することだ。たとえば、「○○銀行の外貨預金をお選びいただいた方の8割以上は、リスク分散目的の投資スタイルです」という実績を訴求することで、「自分に向いているかもしれない」とユーザの共感を高め、購入が後押しされる可能性がある。だれに向けて、どんな内容を伝えてどういう気持ちをもってほしいのか、ここでもターゲットとシナリオを意識するとよいだろう。

　実績の扱い方として、たまに「ボリュームが小さいため、数値として出すとインパクトが弱いがどうすればよいか」と相談を受けることがある。この場合は、無理に定量化せずに、顧客の声として定性情報を出せばよい。「どういう理由で商品・サービスを選んだのか」など属性が異なる10人ほどにアンケートをとるだけで、立派な実績になる。

　これは筆者の個人的な意見になってしまうが、金融機関のデジタルサービスは「人気（ひとけ）」を感じないことが多い。金融商品という「目に見えないもの」は、イメージしづらく、ユーザのなかに漠然とした「不安」「恐怖」を抱かせている可能性があるのではないか。

　特に日本は金融教育が遅れているといわれているが、そのアプローチも単

第Ⅱ章　ユーザ中心設計のステップ　51

図表Ⅱ-10　アップルのiPad紹介ページ

出典：http://www.apple.com/jp/ipad/change-everything/

なる会計や金融工学など知識・数字の詰め込みに終始するのではなく、まずはイメージをもってもらうことを優先すべきではないかと考えている。

　たとえば、アップルのウェブサイトを見てみよう。彼らが販売しているのは「所詮」アルミニウムの機械とソフトウェアにしかすぎない。非常に冷たいものだ。だが彼らはそれを全面に出し、スペックだけをプロモーションしない。それが「人の生活をどう変えるか」を丁寧に説明し、楽しい未来を描くツールであることを訴えている。業界も扱っている商品も異なるが、金融機関も「生活をより豊かにする」ことを目指している点で変わりはないだろう。少なからず学ぶところはあるのではないか、と筆者は考えている。

　②　他チャネルと比べた優位性

　デジタルチャネルならではの優位性についても明確にすべきだ。図表Ⅱ-11にデジタルチャネルの特長を列記しておく。

　ユーザがデジタルチャネルを利用するのは、「他チャネルよりも利便性が

図表Ⅱ-11　デジタルチャネルの優位性

自主性	時間の制約がない。好きなときに利用でき、いつでも中断できる
手軽さ	いつでも簡単に情報を取得できる
詳報性	パンフレットなど手元の情報より、詳しい情報を取得できる
速報性	最新の情報を取得できる
独立性	自主的に情報を取得できる
検索性	知りたいことに絞って情報を取得できる
網羅性	情報を比較検討できる
低コスト	物流コストや人的コスト削減の恩恵を受けやすい（割引など）
保存容易性	物理的な所有コストがかからない
双方向性	チャット、ビデオ会話などコミュニケーションコストがとりやすい
適合性	自分の好みや過去の経験に即した情報を取得できる

高いから」である。デジタルチャネルが新しいからではない。さらに意識しておきたいのは、ここで整理した特性が高いほど、利便性が高まるわけではないことだ。

　資料請求よりもPDFでその場で閲覧できたほうが手軽で速報性が高い。だがユーザが常にそれを望んでいるとは限らない。たとえば投資信託でも、さまざまな条件でファンドを自由に探せたほうが、自主性が高くコストも小さい。だがすべてのユーザが確固とした基準をもってファンドを選べるわけではない。いくつか「お勧め」を提案してくれたほうが便利と感じるかもしれない。

　他チャネルと比べた優位性を洗い出すのは、はたしてそれが本当にユーザの価値になっているかを再確認する目的が大きい。テクノロジーが発達すればするほど、ユーザがもともともっている認識能力やリテラシーとの差が大きくなることを意識したい。

一度に1つ、を心がける

　ここまでで、ユーザの心理・価値と、サービス設計者側の強み・特長につ

第Ⅱ章　ユーザ中心設計のステップ　53

いて整理することができた。これらの糸を素材に、織物としてのシナリオを作成するのだが、手を動かす前に上手な紡ぎ方をいくつか紹介しておきたい。

まずサービス設計者が意識してほしいのは、「思っているほどユーザは我慢強くない」ことだ。ウェブサイトを訪問したユーザは、店舗の窓口で椅子に座って説明を待っている顧客ではない。高速道路を走る車の運転手を想像しよう。彼らは脇目も振らず目的地に向けて一直線に車を走らせている。あなたのウェブサイトはほんのわずかな時間にユーザの注意を引く交通標識や行先標示板のようなものだ。彼らの注意を引き、期待する行動を促すためには、彼らに最も有効だと思われる強み・特長を1つだけ、わかりやすく提供しよう。

ユーザのニーズを満たそうとして、「どれかが引っかかってくればよい」とばかりに4つも5つも強みを並び立てるウェブサイトもあるが、表示が多い標識がわかりづらいのと同様、数が多いほど無視される可能性は高い。これは前にターゲット定義におけるリモコンの例（34頁）で述べたことだ。複数ある場合は、必ず優先順位をつける。

よりユーザに重要性を認識してほしいためか、強みを出し渋ったり、凝った別ページに誘導してもったいぶったりすることもあるが、これもご法度だ。ユーザは神経衰弱で遊ぶために訪問したわけではなく、裏になったカードをめくる動機はない。持ち手はすべて表にしてはじめから見せよう。過度に誇張せず、誠実に、コミュニケーションを1つずつ重ねていくことがゴールへの近道であることを意識してほしい。

詳しい説明は求めていない

もう1つ、サービス設計者が誤解しがちな点がある。それは、「サービスの説明を懇切丁寧にし、ユーザに正確に理解してもらう」ことを目指そうとする姿勢である。残念なことかもしれないが、金融商品においては特にユーザとサービス設計者の知識差は大きく、これが完全に埋まることはない。物件購入が決まったユーザが住宅ローンの仕組みを理解しているとは限らないし、投資経験が10年以上あっても、投資信託に詳しいとも限らない。さらに

多くのユーザはその状況に対して「自分に知識はなく、勉強不足である」という認識をもっていたとしても、「もっと詳しく知識を得たい」とは思っていない。

　住宅ローンの仕組み、投資商品の仕組みを正しく理解してもらうことは重要だ。その点について異論はない。だが、それをマーケティング活動の一環として、ビジネス成果の達成に向けた戦術として取り組もうとしているのであれば、見直すことをお勧めする。成果に向けたアプローチとしては、「正しい理解」よりも、その先にある「満足感」「納得感」をいかにしてつくるかに集中してほしい。

　デジタルチャネルにおけるユーザ行動によく見られるのだが、商品・サービスの検討当初は検索によって得られる未知の情報に新鮮さを感じ、「答えに向かっている」感覚を抱きやすい。だがやがて、情報の重複や正反対の見解などを目にするようになり、情報が洪水化して押し寄せ、頭で整合性がとれなくなる。情報を見るたびに混乱して立ち往生してしまう。このようなときに詳しい情報を提供しても、不安や心配を増やすだけで、アクションに結びつかない。このような場合は極端なほどわかりやすく、特長や強みをシンプルに伝えることが効果的だ。自分の立場を考えてくれた、とユーザが感じればそれが親近感につながり、やがて信頼を醸成することになる。

　特に近年は比較メディアが乱立し、あらゆる角度から商品・サービスの特長が分析されている。サービス設計者のウェブサイト以上に詳しい金融情報が記載されていることも珍しくない。つまり情報は山ほどある。声高に話す大勢のなかで目立つには、もっと大声で話すことではなく、逆に聞き役に回ることだ。

　ユーザの内なる声に耳を傾けて、「頭で理解」させるよりも「腑に落ちる」ことを目指す。しっかり聞いたうえでユーザの不安や疑問に正しく回答すると、コミュニケーションが成立する。「自分の疑問が解決された」と感じれば、ユーザの体験として前向きに評価され、心理に変化が起きる。頭で理解できても行動に移せないことはよくあるが、「腑に落ちる」「得心する」経験は行動の後押しになる。ユーザ行動の観察調査でも、これらの差はユー

第Ⅱ章　ユーザ中心設計のステップ　55

ザの発言や行動に表れるので確認しやすい。

　もし正確な理解を促したいのであれば、ユーザがアクションをとった後（契約後、購入後）がお勧めだ。ユーザ心理としては一息ついて安心した状態であり、情報を受け入れる余地ができていることが多い。多くのサービスはアクションをとった後のサポートが手薄になる傾向にあるため、その段階でのサービス提供はブランドイメージの向上につながり、離反の可能性を下げることにも寄与する。

シナリオ検討例

　これらのポイントをふまえつつ、シナリオ作成に取り掛かる。具体的な例に沿って紹介しよう。ターゲット・価値定義のステップで紹介した住宅ローンのウェブサイトリニューアルでは、ターゲットを「優遇金利ニーズ」「選び方の不安」「借入額の不安」の3つに分類した。このなかの1つ、「優遇金

図表Ⅱ−12　優遇金利ニーズをもつターゲットの仮説

心理・価値	・とにかく安い金利で借りたい ・仮説）金利だけではなく、手数料など費用全般を下げたい（ただ目につくなかで、優先度が高い要素が金利であるだけ） ・仮説）変動・固定・フラット35の明確な希望はない
サイト外行動	・比較サイト○○で検索。いま口座をもっている○○銀行（自行）は金利で並べると中位ぐらい ・金利がいちばん安い○○銀行（他行）はこれまで付合いがない 　仮説）　ローン審査で不利にならないか不安をもっている？
現行サイトのサイト内行動	・検索サイトで銀行名を検索。トップページから住宅ローンページへ ・住宅ローントップページで3商品から選択 　仮説）　金利だけ見たいユーザはどれを選んでよいか迷うのでは ・金利ページを閲覧 　仮説）　店頭金利だけが表示され、高いと思われるのでは 　仮説）　優遇幅が具体的でないのでメリットを感じにくいのでは 　仮説）　自分が優遇されるかわからないと興味をもたないのでは ・店舗相談予約 　仮説）　何が相談できるか具体的でないと予約しづらいのでは

利ニーズ」があるユーザをどのようにゴールまで導いていくかを考えてみたい。

まず、「優遇金利ニーズ」をもつターゲットについて、ユーザ視点からその心理や行動を書き出してみる。今回ターゲット分類に価値をそのまま当てはめたので、価値は明確だ。その他のユーザ心理については、ヒアリングなどで事実として得られた情報だけではなく、「おそらくこういうことではないか」という仮説レベルでも書き出しておくとよいだろう。行動については、自行ウェブサイト内の行動だけではなく、比較サイトや競合サイトにおける行動も想像しておくと、ユーザの心理状態への影響が想定できるのでアプローチの参考になる。行動の背景にある心理についての仮説も、メモ程度に書いておくとユーザ行動観察調査の検証ポイントになるのでお勧めだ。

サイト内行動の粒度について、実際にはこのほかにもシミュレーションコンテンツがあったり事前審査があったりとさまざまなコンテンツがあるが、まずはターゲットが閲覧すると想定される最も太い導線だけでよい。「優遇金利ニーズ」をもったユーザには、金利ページが最重要だと考えられるので、トップから金利ページまでの行動について記載するだけでも問題ない。ユーザの心理や行動を根拠にして、臨機応変に判断してほしい。

図表Ⅱ-13　自行商品・サービスの優位性

組織の強み	・○○県ではNo.1の顧客基盤 ・店舗数も最大で地域密着型銀行 ・各店舗に1名FPが在籍。家計相談も対応可能 ・住宅ローン相談会は土日休日も実施
商品の強み	・○○県での実行実績No.1 ・保証料、団信保険料無料（○○県下では自行だけ） ・つなぎ融資不要（○○県下では自行だけ） ・ATM手数料無料 ・ローンなど関連商品の金利を優遇
ウェブサイト 独自の特長	・ウェブサイト経由の事前審査は90%以上即日回答 ・シミュレーション結果をメールからいつでも呼出し可能

第Ⅱ章　ユーザ中心設計のステップ　57

次に、視点をユーザから離して、自行商品・サービスの優位性について検討する。「優遇金利ニーズ」のユーザに対して、どんな点が他行と比べたときの強みになるのか、ウェブサイトならではの取組みがあるかと考えをめぐらせていく。先ほどの記述と一緒にしてしまってもよいが、ユーザ視点とサービス設計者視点を意識的に切り替えるために、最初のうちは別々に書き出すことをお勧めする（図表Ⅱ－13参照）。

　ユーザ行動とサービスの優位性、この2つがそろった段階でシナリオの検討に入る。シナリオ要素の関係性を考慮して、ユーザを無理やり説得するの

図表Ⅱ－14　シナリオの検討

ユーザの心理・価値	ユーザへの提案・働きかけ	期待する心理変化・行動
○○銀行の金利について確認したい	［住宅ローントップページ］商品を横断した金利一覧ページへのリンクを設置	「金利が書いていない」と誤解して離脱する行動を防ぐ
○○銀行の金利について確認したい	［金利一覧ページ］他行と比較優位のある金利プランを目立たせて表示。また、優遇後の金利も表示	「金利は他行と比べても安そう」と思ってもらうと、選択肢に残る。金利優遇への興味を高め優遇条件ページへ
自分に優遇金利が適用されるかどうか知りたい	［優遇条件ページ］店舗での優遇アドバイスサービスを案内。金利だけではないコストメリットも訴求	「優遇が受けられるかも」と個別診断への興味を高め、次に金利以外のメリットにも関心をもたせる
住宅ローンの特長について知りたい	［商品概要ページ］県下No.1実績を大きく訴求。さらに他行との優位点に絞って訴求	「金利も悪くないし、手数料もかからなければ、大手がいちばん信頼できる」と銀行に対する信頼を高め、店舗予約へ

ではなく、自然な流れで動機づけを行い、ゴールまで導くプランを考えよう（図表Ⅱ−14参照）。

　以上、事例のために簡略化してはいるが、筆者らがプロジェクト初期に検討するシナリオも、第一版はこのぐらいのボリュームだ。細かいところは抜きにして、コミュニケーションの大方針を書いてしまう。ポイントは、シナリオを構成する各コミュニケーション間の「つながり」を意識することだ。

　このシナリオの場合は、ターゲットはとにかく金利を確認することが最優先目的なので、まずそちらに誘導する。優遇金利は条件付きではあるが、細かく条件を読んでもらうモチベーションはないと考え、まず最大優遇金利を提示し、「このぐらい安くなるのか」と関心をもってもらう。ユーザの選択肢に残った後で、本来訴求したい実績や他行との違いについて案内するというコミュニケーションを大方針とした。

　このシナリオをもとに簡易的に画面を設計し（このプロセスについては後述）ユーザ行動観察調査によって検証することになる。一度ですべてがうまくいくことはなく、想定していたユーザ行動・心理との相違や、新しい発見がある。そのたびに重要度を勘案したうえで必要であればシナリオを追加・修正する（図表Ⅱ−15参照）。あまり枝葉末節にこだわるとサービス設計者も

図表Ⅱ−15　調査後の振り返り

調査の発見点	対応案
［金利一覧ページ］ 変動か固定かでわからなくなり、行動が止まってしまう行動が見られた	簡単な違いを説明するほか、顧客の分布など実データを出せないかを検討する
［優遇条件ページ］ 優遇条件について、ユーザは自分に該当しない条件を見るとすぐに離脱してしまう	「優遇条件は他の条件でも決まる」ことを早めに伝え、店舗相談へ誘導する
［商品概要］ ある程度検討が進むと、「後はプロに相談したい」とユーザは考える	店舗の相談員の保有資格などを紹介し、相談相手として適していることを伝える

ユーザも混乱してしまうので、一貫した方針に従うことを忘れないようにしたい。

　ユーザを観察していると、住宅ローンのページを閲覧中に、興味があってもどこかで一度ウェブサイトを離脱することがある。その場合は、無理に離脱を防ぐよりは、再訪問させるシナリオを考えるとよい。競合他社との優位点をしっかり伝えていれば、ユーザは後で帰ってくるので心配はいらない。ユーザの主体的行動を優先したうえで、「最終的に勝つ」プランを考えるようにしたい。

コラム　　カスタマージャーニーマップの注意点

　顧客志向をテーマに掲げる企業のなかで、「カスタマージャーニーマップ」の作成が流行の兆しを見せている。顧客がサービスを利用する一連の流れを「旅（ジャーニー）」になぞらえ、行動や思考、感情の変化を視覚的に記述し俯瞰できるようにしたものだ。海外企業では、いわゆる「C職（CEO、COO、CFO……など）」の1つとして顧客価値向上に責務を負う「CXO（Chief Experience Officer）」を置く動きがあるが、そういった役職の指揮のもと全社一丸となって顧客志向に取り組むために、可視化されたアウトプットが道具として必要になるのだろう。

　近年は、国内企業のなかにもカスタマージャーニーマップを作成する動きが出始めている。筆者の考えとしては、まだこれは一時の流行状態であり、効果検証中の段階であること、現状推奨されているようなフォーマットでのカスタマージャーニーマップは効果があまりないと思われることから、諸手をあげて賛同することはできない。そのため、本書ではカスタマージャーニーマップそのものについて詳述は割愛したい。だが、読者の組織内部で、制作会社など外部アドバイザーからの作成提案があった場合に判断材料になるように、いくつか注意点を記載しておきたい。筆者らのユーザ中心設計にあるシナリオとの違いにも留意して目を通してほしい。

　　・顧客の実像との差が大きくなる
　　・責任の所在が不明確になる
　　・打ち手に一貫性がなく、大きな成果が出ない

図表Ⅱ-16　カスタマージャーニーマップの例

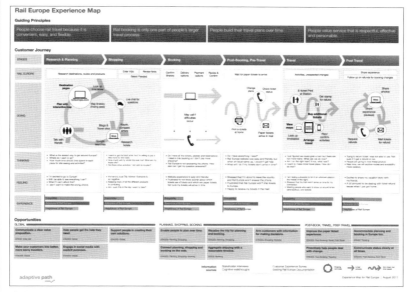

出典：http://adaptivepath.org/ideas/the-anatomy-of-an-experience-map/

① 顧客の実像との差が大きくなる

　カスタマージャーニーマップは一般的に、顧客サービスに携わる複数の関係者が集まり、ブレインストーミングなどの議論を経て集合知として作成されることが多い。ここでのインプットは参加者それぞれの脳内にある「顧客像」である。

　その顧客像はたいていゆがんでおり、これからつくろうとするサービスの本当の顧客ではない可能性が高い。これが参加者１人ならまだ修正余地があるが、大勢の参加者が思い思いの顧客像を想像してカスタマージャーニーマップをつくってしまう。

　さらに、アイデアを出し合っていきながら作成するため、深掘よりも拡散・網羅しようとする傾向があり、顧客の属性や行動、利用チャネルなどは発散・肥大化する一方になる（特にブレインストーミングだと否定や批判は禁止というルールのため、「こんな行動はとらないのでは」という反論がしづらい）。たとえば、「住宅ローンを検討する前に、本で勉強してセミナーに参加し、不動産会社の提携ローンと比較し、わからないことをコールセンターに電話して訊き、比較サイトで他行の口コミを確認してから、お気に入りの銀行のウェブサ

第Ⅱ章　ユーザ中心設計のステップ　61

イトを訪問し、借入可能額をシミュレーションして結果をプリントアウトし、店舗相談を予約する」というような行動を記述してしまう。

ユーザ中心設計手法では、前述したように網羅性よりも「より大きく影響を与える要素は何か」を考えて設計することを勧めている。そのため、大人数が集まってブレインストーミングを行うことはあまり推奨しない。もし開催するのであれば、カスタマージャーニーマップを作成するためのインプット収集、という一歩前の参考情報として扱うのがよいだろう。加えて、筆者らの手法では、ユーザ行動観察調査という実ユーザによる検証をプロセスとして設け、仮説との違いを修正している。カスタマージャーニーマップは、顧客の声などをもとに作成するとしても、サービス設計者側の作業として閉じており、事前検証なく、いきなり実践に活用してしまう。この点もズレが大きくなる要因である。

②　責任の所在が不明確になる

カスタマージャーニーマップを多人数でつくってしまうことのもう1つの弊害に、責任の所在が不明確になる点がある。作成している最中は共同作業の楽しさからか参加者のモチベーションも高く保たれ、付箋紙に次々とアイデアが書き込まれていく。ただ、これは当事者視点ではなく批評家視点からの発言であることが多く、思いつきがベースのため責任をもったアイデアではなく重みがない。これらは、まさに付箋紙程度の粘着力だと思ったほうがよい。

本コラムの冒頭で述べたように、海外企業では責任を負う役割をCXOと呼ばれるような立場の担当者が担う。ところが国内企業では、カスタマージャーニーマップという表面的な手法だけを持ち込んで、既存の組織や体制のままで進めようとする。一時的なプロジェクトで、日常業務との兼業で担当者が決まってしまう。これでは、実行に移すエネルギーが発生せず、絵に描いた餅で終わってしまう。成果を期待することもできない。

③　打ち手に一貫性がなく、大きな成果が出ない

カスタマージャーニーマップの作成過程に欠点があったとしても、結果として成果が出る手法ならばまだよいが、その観点でも1つ懸念がある。

カスタマージャーニーマップは「一貫した顧客体験の設計」を目的としているが、これはコミュニケーション方針の一貫性を意味しているわけではない。あくまで、顧客が利用するチャネル全体を俯瞰して、各接点を個別最適化することを「一貫して」繰り返しているだけである。たとえば、カスタマージャーニーマップを作成して打ち手を整理すると、多くの場合以下のようになる。

・検索サイトで銀行を上位に表示させユーザに目立たせる
・商品・サービスへのリンクをわかりやすくする
・商品・サービスの特長を目立たせる
・わからないユーザ向けにヘルプを用意する
・シミュレーションでユーザにあった情報を提供する
・シミュレーションの結果を印刷できるようにする
・メールでシミュレーションの結果を送信する
・ウェブサイト上で店舗相談予約ができるようにする

　このような打ち手が、多いと100件以上列記される。問題が出尽くされたかのように見え、打ち手の数が成果への期待をふくらませるが、それらは錯覚である。プロジェクトのリソースは限られているため、打ち手には取捨選択が求められる。だが優先順位をつけようにもどんな基準でつければよいかわからない。なんとなくの費用と期間、手間と効果からあたりをつけるが、施策全体を通す筋＝一貫性がない。サービスとターゲットの価値につながりが見えず、単にカスタマーセンターに届く「顧客の不満」を順番に処理しているにしかすぎなくなる。これらは効果がないとはいわないが、場当たり的で局所的な改善活動にとどまってしまい、大きな成果をあげることがむずかしい。

　ユーザ中心設計で作成するシナリオは、顧客とのコミュニケーションを時系列で追っていくものだ。単発の打ち手を重ねるのではなく、ある明確な方針のもとにそれを達成する手段として打ち手を重ねていき、継続的に顧客の意欲を高めていく。打ち手そのものよりも、その一連の流れ、文脈の設計に重きを置いている。

　個別最適化で顧客をゴールまで導こうとするのは、まるで短距離走を繰り返せばマラソンは走破できるといっているようなもので、理論的にはそうなるが現実的ではない。

第Ⅱ章　ユーザ中心設計のステップ　63

5 ステップ4 要件定義・画面設計

要件定義は画面設計書で

　ターゲット・価値定義とシナリオ作成を終えたタイミングで、ユーザ行動観察調査を実施して仮説を検証し、サービス設計者の思い込みや過信を修正するステップを挟む（詳細は「6　行動観察による検証」を参照）。調査をふまえて確からしいシナリオに修正し終えたら、いよいよ具体的なサービス設計に入っていく。

　一般的には、要件定義書と呼ばれるような特定フォーマット（多くは表形式）のドキュメントに実装する機能を記載していく流れになるが、ユーザ中心設計手法ではこのプロセスを前提とはせず、サービスのプロトタイプである画面設計書をベースに要件定義を進めていく。その理由を以下に列記する。

・従来の要件定義書では、シナリオでユーザ行動や心理を検討したときにもっていたユーザ視点が急に薄れ、厳密な機能定義やコスト見積りなど、サービス設計者にとっての関心事項のみに焦点が当たってしまう

・ユーザ中心設計手法が対象とするデジタルサービスは、ウェブサイトなど要件のほとんどがユーザの目に見え、操作する機能に該当するため、画面設計書上で要件定義を行うことが望ましい

・システムの細かい挙動ではなく、「ユーザのどんな目的を達成したいのか」「どんな働きかけをしたいのか」を画面設計書上で確認することで、ユーザ視点の機能定義が可能になり、システム開発者も柔軟な設計が可能になる

・ユーザ行動観察調査を複数回繰り返す過程で、要件は変更・修正される可能性が高い。要件定義書を特定フォーマットで先に作成すると、別に

図表Ⅱ-17 要件定義書と画面設計書のイメージ

要件定義書

ビジネス要件を正しくシステム要件へと落とし込み、サービスをつくる側が何をすべきなのかが明確になるように整理する。

画面設計書

機能の見た目を定義するにとどまらず、それがなぜ必要なのか、ユーザにとってどんな意味があるのかを明らかにする。

第Ⅱ章 ユーザ中心設計のステップ 65

つくる画面設計書との同期の手間がかかり、管理工数が増えてしまう
・画面設計書をベースに要件を議論することで、コスト視点だけではな
　く、常に「ユーザにとって必要か」「成果を生み出す要件か」という視
　点で、実装すべき要件に優先順位をつけることができる

　システム開発の担当者は、画面設計書をベースにした議論には否定的な反
応を見せることが多い。往々にして彼らの視野は「開発フェーズ」にのみ当
たっているので、開発工数を最小限に抑え、要件もれを防ぎ、効率的なテス
トを行うことに意識が集中してしまう。そのため、「画面の挙動はどうでも
よいので、機能を早く決めてほしい」といった要望を受けることがあるだろ
う。
　だが、ユーザ中心設計手法において、画面設計書は「ユーザにとって本来
必要な要件とは何か」という本質を議論するコミュニケーションツールの役
割をもっている。システムの硬直化を防ぎ、ユーザにとって真に役に立つ
サービスを開発する手段であることを認識してもらおう。さらに、ビジネス
観点でいえば、コスト最小化よりも成果最大化を優先すべきであることも意
識をあわせておきたい点だ。
　会計システムのようなバックエンドの処理が多いサービスや、オンライン
バンキングなど開発規模が大きいサービスであれば、当然画面設計書だけで
は実装は不可であり、ユースケースや業務フロー、要件定義書の果たす役割
のほうが大きい場合もある。対象サービスによってつど判断が必要であるこ
とはいうまでもない。

要件定義の進め方

　要件定義書というフォーマットは用意しなくとも、要件を洗い出す作業は
必須である。要件は、以下の観点から整理する。

1　シナリオの実現に求められる要件
2　（リニューアルの場合）現行サイトが提供する要件

3　競合サイト、他社サイトが提供する要件

　3については、本来であれば1のシナリオに含まれている（検討がされている）はずであるが、要件を整理する段階で再確認してもよいだろう。2については、どちらかというとリニューアルにおける実装もれを防ぐ目的がある。過去に必要があって実装された要件であれば、リニューアル後も忘れないようにしたい。ここには、1のシナリオでは網羅できない細かい要件も含まれる。たとえば404ページと呼ばれるようなエラー系ページの要件だ。重要度は高くないが、ユーザが遷移してしまった場合にシナリオが断線する可能性があるため、おざなりにせず対応しよう。

　ここで、要件の検討例を以下のポイントに分けて紹介したい。

・ユーザにとっての要件を意識する
・要件の目的を意識する

①　ユーザにとっての要件を意識する

　ある銀行では、これまでウェブサイトで商品紹介パンフレットの無料郵送サービスを受け付けていた。リニューアル時に行内から意見を集めたところ、郵送業務を担当する部署から、「郵送費用がかかるうえに、最新の金利一覧などを印刷して封入する必要があり、人的コストもかかっているので廃止してほしい」との要望が届いた。ウェブサイトならばPDFでダウンロードできるようにしておけばいつでもすぐに閲覧できる。これならばコストは大幅に減るし、何より郵送を待つ手間がないのでユーザにとってもメリットが大きいはずだ。

　だが念のためユーザ行動観察調査にかけてみると、意外にも「紙媒体の資料」に対してニーズが大きいことが判明した。その理由として、「資料はいま見るわけではなく、家族と一緒に見たい。PDFはあったが、画面上だとゆっくり見られない」という声が多く、行動を観察しても、資料請求ボタンを探しPDFは閲覧されないようすが観察された。

第Ⅱ章　ユーザ中心設計のステップ　67

おそらくユーザは候補となる商品のパンフレットを複数目の前に広げて、手にとりながら検討することを希望していると考えられた。資料の郵送はコストがかかるが、手元にパンフレットがなければユーザの目的が達成できないだろうと判断し、継続することにした。

コストに意識が行き過ぎていると、紙媒体とPDFをコストでしか比較することができず、判断にバイアスがかかってしまう。コストに限らず、サービス設計者の思い込みで要件を決めることは避け、ユーザがどんな理由で必要としているかを客観的に考えたい。

② 要件の目的を意識する

外貨預金ページのリニューアルを検討していたある銀行では、要件として「利息シミュレーション機能」を候補にあげていた。事前のユーザ行動観察調査では、外貨預金を金利の高低で選ぶユーザのようすが確認された。金利勝負になるとデジタル専業銀行に勝つことはむずかしい。そこで、金利利率の数字ではなく、実際に「いくら預けるといくらの利息がつくのか」という利息シミュレーションを見せることにした。利率で見ると倍の開きがあるように見えても、投資予定金額の利息を正しく見るとわずか数十円の差にすぎないことがわかり、ユーザに「金利比較をしてもあまり意味はない」という心理変化を起こすことを企図したものだった。

これは非常に優れたコミュニケーションであったが、すぐに「利息シミュレーション機能」に要件を決定する前に、再度目的を検討することにした。ユーザにとって新しい気づき・価値の転換につながるのは、あくまで「金利ではなく、実際の利息金額で判断させる」ことであって、必ずしも「実際の想定預金額を入力して、リターンを正しく把握する」ことではないはずだ。であれば、シミュレーションではなく、「100万円を預金したとしたらこの金額」という一例でも十分かもしれない。この仮説を再度ユーザ行動観察調査にかけてみると、たとえ100万円預金するつもりがなかったとしても、例示だけで目的とする心理変化を起こさせることができた。シミュレーション機能の実装コストを用意せずにすみ、費用対効果の高いコンテンツを用意することができた。

ユーザの心理とコミュニケーションの意図がはっきりしていたとしても、要件に落とし込む段階でサービス設計者の欲や癖、思い込みが出てしまうことがある。「ユーザに自由度があったほうがよいはずだ」「グラフィカルなほうがよいはずだ」「リッチな体験のほうが好まれるはずだ」などと考えたことはないだろうか。これを防ぐことはかなりむずかしいが、考えた要件と、その上位にある目的をセットで画面設計書に記載しておき、プロジェクトの第三者の目にさらすのが１つの回避方法だ。経験が豊富なシステム開発者であれば、コストをかけずに目的を達成する方法をアドバイスしてくれるかもしれない。間違っても、「ユーザはシミュレーション機能を求めている」とだけ要件に記載してはいけない。

　要件は、シナリオで定義したコミュニケーションの実現手段である。ユーザとサービス設計者双方にとってメリットがある要件であるか、さらに要件の背後にある「心理変化・行動」を起こす手段として最適かどうかを考える習慣をつけたい。

画面設計は戦略的に

　要件が洗い出された段階で、これを画面上に配置する作業が画面設計だ。ここまでくると、作業としてはサービス設計者ではなく、デザイナなどプロジェクトに関係する別担当者の職掌になってしまうことが多い。だが、これを監修する立場として、最低限次の２点を注意してほしい。

　・要件をきれいに並べようとしない
　・１つの画面にもシナリオがある

　①　要件をきれいに並べようとしない
　書店や図書館の分類のように「情報構造としてきれいに、正しく並べる」ことを念頭に画面設計をしてしまうと、見栄えはよいが選択に迷ってしまい、期待する成果から遠ざかってしまうことがある。たとえば、ある商品にＡとＢという２種類のプランがあったとする。これらは適用条件や対象者の

第Ⅱ章　ユーザ中心設計のステップ　69

図表Ⅱ-18　商品ＡとＢの画面設計案〈第1案〉

A　もしもの安心特約付住宅ローン

○○と診断された場合に住宅ローン残高が0円になります。
病気が完治した場合も診断給付金の返済は不要です。

＞ 商品の詳細はこちら

B　ワイド保障特約付住宅ローン

万が一の病気の際に住宅ローン残高が0円になります。三大疾病のほか○○など慢性疾患やご家族の病気にも対応！

＞ 商品の詳細はこちら

違いで分かれていたとしよう。これをきれいに整頓することを重視して画面設計すると、多くの場合は図表Ⅱ-18のような配置となる。

　整理して並べることが目的であればこちらでかまわないが、目的は成果を出すことだ。ユーザに対する働きかけとして設計を考えるのであれば、まずＡとＢの販売実績やビジネス上の重要性、ウェブサイトを訪問するユーザの属性などを考えたうえで、整理して並べることが本当に成果を最大化するのかを判断しよう。筆者らの過去のプロジェクトで実際にあったが、ユーザ行動の観点からは、ＡとＢの違いがわからず行動が止まってしまうようすが見られた。サービス設計者としては「ＡでもＢでもどちらでも契約してくれればよい」という状態だったため、図表Ⅱ-19のように設計を変更した。

　2商品間の重みづけを大きく変え、Ｂを隠してしまった。「これでは最初にページを見たときはＢにほとんど気づかないのではないか」という疑問が出てくるが、それをねらっている。選択肢を見せてしまうことで迷いを生み、ＡにもＢにもたどりつけないよりは、まず導線をＡに一本化したうえで、「これではないな」と思ったユーザをＢへ誘導するほうが最終的な成果が大きいと判断した。

　第1案のほうが「幅広いユーザに対応できる」「自由にユーザに選んでもらっている」という印象をサービス設計者は抱きやすく、筆者らの案はかえって不便を強いているように見える。だが、使いやすさというのは、ター

図表Ⅱ－19　商品ＡとＢの画面設計案〈第２案〉

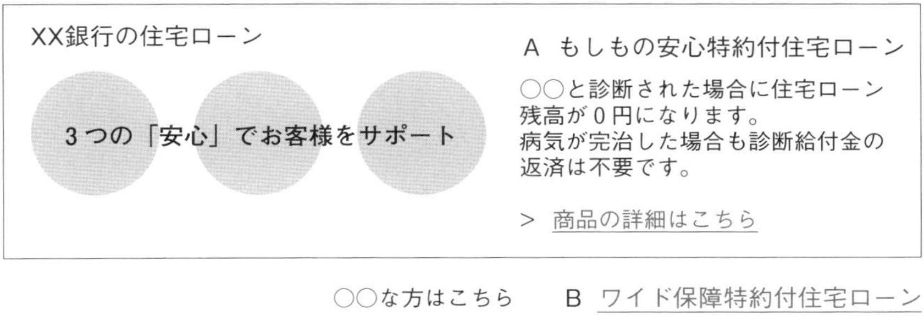

XX銀行の住宅ローン

３つの「安心」でお客様をサポート

Ａ　もしもの安心特約付住宅ローン

○○と診断された場合に住宅ローン
残高が０円になります。
病気が完治した場合も診断給付金の
返済は不要です。

＞　商品の詳細はこちら

○○な方はこちら　　Ｂ　ワイド保障特約付住宅ローン

ゲットの広さや選択肢の豊富さによって高まるものではない。特定の状況下
で特定のターゲットが特定の目的を達成するための有効性や効率性を表すも
のだ。むしろ要件のコントラスト（強弱関係）をはっきりさせ、選択肢を絞
り込むことが使い勝手のよさにつながることが多い。

　このような「ユーザに選ばせよう」という認識は、トップページでも多く
見られる。要件を整頓することを優先した金融機関の画面は、「個人向け」
「法人向け」が並列して配置され、まずユーザに当てはまる分類を選ばせる
「作業」を強いている。実態を調べてみると、訪問するユーザの９割は個人
向けに該当することも珍しくない。公平・平等を期したつもりでも、ユーザ
から見れば提供者都合にしか映らない可能性がある。ぜひ心に留めておきた
い。

②　１つの画面にもシナリオがある

　では、要件をどのように画面に配置すればよいのか。このガイドラインと
なるのが「シナリオ」である。住みやすい住宅は、住人の生活導線が考慮さ
れているのと同様に、よい画面にはユーザ導線がしっかり見える。シナリオ
とはサービスを通じたユーザとのコミュニケーションプロセスであると説明
したが、１つの画面内でも同じことが当てはまる。「どのユーザがどんな
ニーズで入ってきて、何をどうやって見せてどんな気持ちにさせてどこへ誘
導する」のか、シナリオの考え方を用いて設計することで、ユーザが流れる
画面になる。さらに画面に配置する一つひとつの要件についても、たとえば

第Ⅱ章　ユーザ中心設計のステップ　71

表ならば「どの列に注目させて、どんな心理変化を与えるのか」というシナリオが埋め込まれているのが理想だ。成果が出るサービスは、全体から細部に至るまでシナリオの入れ子構造を見ることができる。筆者らは、これが真に「顧客体験の一貫性」であると考えている。

　先ほど例に出した、外貨預金の金利ページの設計について具体的なプロセスを見てみよう。まずこのページのシナリオを作成すると図表Ⅱ－20のようになる。

　シナリオができれば、画面設計はほぼ完成したようなもので、後は素直にこれを配置すればよい。ポイントは以下の3点だ。

・ユーザにとって優先度が高い要件を先に提示する。この例であれば、利息例ではなくまず金利を見せる
・一度に複数の要件を見せない。てっとり早く金利と利息例を同時に見せ

図表Ⅱ－20　外貨預金のシナリオ

ユーザの心理・価値	ユーザへの提案・働きかけ	期待する心理変化・行動
外貨預金をお得な金利で運用したい	[金利一覧] 取扱外貨の金利を表示。あわせて利息額を把握することも重要と訴求	他行との金利差にデメリットを感じ離脱する前に、利息額での比較軸を意識
利息額で金利を比較したい	[利息例] 100万円運用時の利息額を金利別に表示。金利で感じた大きな差がないことを訴求。キャンペーンへ誘導	金利比較から意識を遠ざけ、選択候補に残す。総合的なお得度で判断するモードへ意識をスイッチ
○○銀行の外貨預金が得なのかどうか知りたい	[キャンペーン] 期間限定の金利上乗せキャンペーンを訴求し、口座開設へ誘導	「金利であまり差がないならキャンペーン中の銀行のほうがお得だ」と思ってもらう

図表Ⅱ-21 シナリオに基づいた外貨預金金利ページ

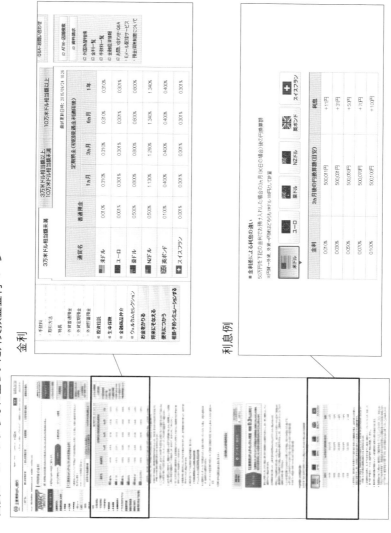

出典：三菱東京UFJ銀行　http://www.bk.mufg.jp/tameru/gaika/kinri.html

第Ⅱ章　ユーザ中心設計のステップ　73

図表Ⅱ－22　利息とキャンペーンの表示例〈第1案〉

今月お申込みで金利上乗せキャンペーン中！		
金利	3カ月後の円換算額（目安）	利息
0.010%	500,011円	＋11円
0.030%	500,031円	＋31円
0.050%	500,050円	＋50円
0.070%	500,070円	＋70円
0.100%	500,100円	＋100円

　　　ようとすると、かえってユーザが混乱してしまう
　　・要件と要件は断絶させず、つなぎを意識する

　1点目と2点目については、本書でこれまでに説明した内容なのですぐに
おわかりいただけるだろう。ここでは3点目について詳しく説明しておこ
う。

　ユーザがページを離脱するタイミングとしては、ページを訪問した直後
と、ある要件（コンテンツと言い換えてもよい）を見終わった後に大きく分か
れる。前者は「金利が見たいと思ってリンクを遷移したら、いきなり利息例
が表示された」という期待とのギャップによるものだ。これは1点目に気を
つけることで防ぐことができる。後者は、閲覧し終えたことで集中が解け、
意識がページから離れてしまうことによる離脱で、満足した場合にも不満を
感じた場合にもありうる行動だ。

　これを防ぐためには、要件と要件をただ並べるだけではなく、「のりし
ろ」でつなぐことで、間断せず一続きの導線として設計するとよい。図表
Ⅱ－22を見てほしい。「利息例」と「キャンペーン告知」の2つのコンテン
ツを配置することを考えたときに、何も気にせずただ置いてしまうとこのよ
うになってしまう。これでも大きな問題はないが、2つのブロックは明確に
分断されており、表を見終えてからキャンペーン文言まで視線が戻らない。

図表Ⅱ-23　利息とキャンペーンの表示例〈第2案〉

金利	3カ月後の円換算額（目安）	利息
0.010%	500,011円	＋11円
0.030%	500,031円	＋31円
0.050%	500,050円	＋50円
0.070%	500,070円	＋70円
0.100%	500,100円	＋100円
○月限定！金利上乗せキャンペーン 0.100%＋0.100%	500,200円	＋200円

ユーザ心理として無意識的に「ここで一区切り」がついてしまう。さらにユーザが使用しているブラウザの関係で画面表示がキャンペーン部分と表の間で切れてしまう場合は、キャンペーン部分はユーザの目に入らないことになる。

　次に、図表Ⅱ-23の設計案を見てみよう。利息例の一部分に、キャンペーン適用案内を入れることで、利息を見たユーザが自然な流れでキャンペーンの存在に気づくことになる。これがつなぎを意識した設計だ。ここで、「一度に複数の要件を見せてはいけないはずでは」と疑問をもったかもしれないが、避けてほしいのは要件すべての足し算である。「のりしろ」でつなぐことは、要件同士をぴったりと張り合わせることとは違う。

画面設計のコツ

　これまで紹介した事例以外にも画面設計のコツは複数あるが、手法というよりも細かいノウハウレベルであるため、ここではまとめて簡単に紹介するにとどめたい。背後にある精神はすべてユーザ中心設計手法でありシナリオであることを付言しておく。

　①　メニュー、ナビゲーションに頼らない

　オンラインバンキングアプリなど、ツールとして利用するデジタルサービスは別として、商品のプロモーションを目的としたウェブサイトでは、メ

第Ⅱ章　ユーザ中心設計のステップ　75

ニューやナビゲーションをユーザが利用することを前提に設計してはいけない。

　特にシナリオ上重要な導線については、ナビゲーションがあるからと安心せず、メインエリアにリンクを用意し、次にどこへ行けばよいかをはっきり示すことだ。むしろナビゲーションがなくてもユーザ行動に何の支障もないように設計すべきである。

　画面設計プロセスとして、メニューやナビゲーションから先に考え出すこともお勧めしない。構造は、シナリオを考えていけば自然と付随的に組みあがるもので、本来先行してできあがるものではない。分類が整頓されていること、網羅されていることはユーザにとっての価値に直結しない。

② 　見た目のデザインに依存しない

　要件とは関係がない写真や画像、色や動きなどビジュアル要素でユーザの気を引き、シナリオを進行させてはいけない。大きく高品質な画像やタレントが映った写真よりもたった1行のテキストがユーザ行動に影響を与えることもある。何を見せるか、ではなくどのタイミングで見せるか、という文脈のほうがより重要だ。画面設計の段階では見た目にこだわると、ユーザ視点から離れてしまいがちだ。装飾要素を排してシンプルに設計しよう。

③ 　迷ったら王道に学ぶ

　シナリオや要件は、競合を意識して相違点を明確にすることが重要だ。だが画面設計においては、レイアウトの独自性に強くこだわる必要はない。画面のシナリオが決まれば、それを自然に「王道に沿って」配置していけばよい。ユーザも競合のサービスと並行利用しながら検討を進めていることが多いため、情報取得のしやすさの面でいっても学習コストが低いほうが望ましい。もし迷うようならば、利用者が多い金融機関のサービスなどを参考にするとよいだろう。特に近年は、デジタル専業の金融機関によるプロモーションが活発になっており、ユーザを意識したコンテンツも多い。もちろん企業によって品質に高低はあるが、ベンチマークの候補になる。

④ 　文章は減らし、斜め読みをサポート

　商品・サービスの説明文に、パンフレットの文章をそのまま使ってしまう

図表Ⅱ-24　ユーザを意識したコンテンツ例

出典：ソニー損保　http://from.sonysonpo.co.jp

出典：マネックス証券　http://www.monex.co.jp/AboutUs/
　　　00000000/guest/G800/goiken/index.html

ソニー損保、マネックス証券での「お客様の声」による改善活動紹介ページ。ソニー損保では担当者の写真入りで活動の詳細をレポート。マネックス証券はこのほかにユーザと対面形式で行うヒアリング会を四半期ごとに実施している。

第Ⅱ章　ユーザ中心設計のステップ　77

ケースがある。たいてい文章は丁寧ではあるが長く、デジタルチャネルには不向きである。文章をじっくり読ませるという意識は捨て、斜め読みでも理解ができるようにしたい。

　文章は短い段落に分け、見出しを用意する、箇条書きを用いる、図表を用いて視覚的な把握を可能にするなど、直感的に「見てわかる」ことが大切だ。特に金融商品はリスク文言など文章による説明が多くなりがちなので、イメージしやすさを心がけたい。

　ウェブサイトの閲覧はもはやスマートフォンが主流になりつつある。画面の制約からも、読みやすさが重視される傾向が変わることはないだろう。

　⑤　専門用語を使わない

　サービス設計者から見て当然だと思われる知識・用語も、ユーザから見ると専門性が高く、聞きなれない情報と判断されることは多い。目新しいならまだよいが、わからない言葉はサービス利用の妨げになってしまう。

　たとえば、「住宅ローンの実行」という言葉も、一般的な語彙ではないため、違和感をもつユーザは多い。ウェブサイトなどで、当然のように「申込みから実行までは平均で○日かかります」などと記載されていることがあるが、新規契約のユーザには疑問符が浮かぶことだろう。

　さらに金融機関で見られるのは、商品名を何の補足もなく使ってしまうケースだ。「ハッピーファミリー」という住宅ローン、「Support You ローン」という自動車ローンなど、対応関係がわからない商品名をトップページのメニューに堂々と載せていないだろうか。

　いまだ多くの金融機関でこのような表現は散見され、ユーザへの配慮が行き届いていない状態で横並びになっている。言葉１つの小さな気遣いも、積もっていけば競合との明確な違いとなってユーザに意識される。

ビジュアルデザインのチェックポイント

　画面設計書で要件を定義した後はビジュアルデザインをかけ、見た目のイメージを完成させる流れになる。この段階においてもサービス設計者は気を抜かず、当初想定のシナリオが実現されるビジュアルデザインになっている

かどうかを監修しなくてはならない。

　これまでの検討プロセスに参加していないビジュアルデザインの担当者は、「きれいな」「美しい」制作物をつくってしまう傾向にある。だが、ビジュアルデザインはユーザの課題解決を通じて対価を得るための道具であって、壁に飾るような作品ではない。きれいであること、関係者に好印象であること、トレンドに沿っていることは何の数値成果も保証しない。ビジュアルデザインの発端としては個人の勘や閃きであってもかまわないが、常に脳裏にはシナリオとシナリオで達成したい目的を意識して、その妥当性を検証しなくてはいけない。

　例を紹介しよう。ある銀行では、住宅ローンを案内するウェブサイトで電話相談への誘導を高めたいと考えていた。よりユーザの注目を集めるために、電話番号を記載するだけではなく、その隣にヘッドセットをつけたオペレーターの写真を市販の素材集から購入して配置した。

　その後ユーザ行動観察調査を実施すると、電話相談エリアは認知されやすくなったものの、写真によって「住宅ローンに詳しい人ではなく、単にコールセンターのスタッフにつながるだけなのだな」と判断され、逆に相談への期待値が下がってしまうことがわかった。電話相談は住宅ローンに詳しいスタッフが直接応対するサービスだったが、写真の印象でユーザが誤解をもつ可能性があった。そこで素材集ではなく、実際に応対するスタッフの写真を撮影し掲載して再度調査した。するとユーザは「ちゃんと住宅ローンの担当

図表Ⅱ-25　電話相談への誘導設計案

者がついてくれるのだな」という安心感をもち、相談への意欲が高まるようすが観察された。

このように、たった1枚の写真でも、シナリオに破綻をきたす原因になり、それに気づかないままリリースしてしまうこともある。ターゲット・価値定義に始まるユーザ中心設計手法において、一連のステップはすべて乗算だと思ってほしい。最後のビジュアルデザインが0であれば成果も0である。筆者らは、1ピクセルにこだわることや、カラートーンの最適な組合せを追求することを促したいわけではない。見た目はどうあれ、それがユーザとのコミュニケーションを阻害していないかという観点でチェックをしてほしい。もちろん、例で紹介したようにビジュアルデザインをユーザ行動観察調査にかけて検証することもできる。

ビジュアルデザインの表現手法は多岐にわたるため、個別要素について良し悪しの基準を具体的にあげることはむずかしい。少し抽象的な言い方になってしまうが、「なぜそのビジュアルデザインなのか」をシナリオと関連づけて理由を考え、ユーザへの心理影響や行動変化などの文脈で説明できないデザインは安易に採用しない、ことをお勧めしたい。

・なぜその画像、写真を使うのか
・なぜその配色なのか
・なぜその見出しデザインなのか
・なぜそこに線があるのか、その線なのか
・なぜその文字色、リンク色なのか

これらの問いに対して、「そのほうが洗練されているから」「よりインパクトがあるから」「いまの流行だから」だけではなく、正しく説明責任を果たすことをデザイナに求めよう。

もう1つ、デジタルサービスの場合は日々データに基づいて改善活動を繰り返していくために、ビジュアルデザインの変更コストにも配慮しておきたいところだ。やや専門的な内容にはなるが、一昔前のデザインプロセスで

は、Photoshopによる画像作成やFlashによる動画作成など、ビジュアル要素の前加工を行ったうえで、それらをフロントエンジニアやコーダーと呼ばれる担当者が実際に操作できるサービスに仕上げていくことが主流だった。この方法は見栄えはするが、見出し画像をたった1文字変更するだけでも前処理に戻り再作成する必要があるなど、可変性に欠けていた。近年はHTMLやCSSの表現力が高まり、まるでWordの文章を編集するようにビジュアルデザインを柔軟に変更することが可能になった。デザインとフロントコーディング（HTMLとCSSの編集）を同じ担当者が並行して行う業務プロセスも珍しくはなく、今後はこれが標準になっていくだろう。ウェブサイトの場合、HTML・CSSによる構築のほうが、画像よりもページの読込速度やコンテンツ認識の点で検索サイト（Googleを想定）の評価が高い傾向にある。検索結果での上位表示を目指すための方策としてもメリットが大きい。

6 行動観察による検証

なぜ意見を重視してはいけないのか

　これまでに紹介したステップの合間に、アウトプットの検証手段として複数回実施するユーザ行動観察調査について解説する。まずユーザ中心設計手法において、筆者らが行動観察を重視する理由を説明したい。

　行動観察と対照的な調査手法として、「インタビュー」や「アンケート」といった顧客の声を直接・間接に採取するものがある。顧客満足度を高める活動の一環として行われ、CS調査やVOC調査と呼ばれることもある。

　顧客の声は、その時点での顧客の不満・ニーズを指していることは確かであり、声に応えてサービス改善することで顧客満足につながるかもしれない。ところが、顧客の声は本当の行動理由を示さないことが多く、改善活動が成果に貢献するとは限らない。顧客サービス改善を組織的に取り組んでいる海外企業では、顧客アンケートなどの従来型の調査は利益との相関が低く参考にならないとして、調査手法を別な手段に切り替える動きが見られている。

　「窓口がいつも混んでいるから不便だ」などと不満を口にしていた顧客が、店舗サービスを改善後にあっけなく他の銀行に口座を移してしまった。理由を訊けば、「別の銀行に良い金利の定期預金があった」とのこと。窓口の混雑はそちらの銀行のほうがもっとひどいのに……こんな笑い話のような事例も起こりうる。

　なぜこのようなことが起きるのか、顧客の声を判断材料に顧客満足向上に取り組む場合はどこに注意すればよいのか、簡単に説明したい。

1　人間はニーズを言語化することが得意ではない
2　顧客が言語化するために、本質的な課題とズレが起こりやすい

3　本人は無関心で、期待でもニーズでもない可能性がある

4　「件数が多い＝重要な課題」と誤解されがちである

① 人間はニーズを言語化することが得意ではない

　そもそもわれわれも含めて、人間は自分の考えやニーズをはっきりと意識しているのだろうか。自分の興味関心がある分野であったり、不満を感じる強い体験があったりする場合は別として、日常的にニーズを言語化・外部化する習慣は少ないといえる。

　加えて、ヘンリー・フォードがかつて、「もし顧客に望むものを訊いていたら、「もっと速い馬がほしい」と答えただろう」という言葉で残したように、まだ見たことがないものについて具体的に想像できる人間はほぼいない。仮に想像できたとしても、想像に対してリアルな評価を下すことはできない。なぜなら実物とはたいてい違うからである。「何がほしいですか」「それがあったら買いますか」と訊くことには意味がない。

　もちろん例外はある。それはなんらかの理由で「理想とする状態」と現実との差を明確に意識できる場合だ。たとえば病気にかかったときや災害にあったときは、「何かほしいものはありますか」というアンケートでニーズは明らかになる。かつての日本がそうだったように、発展途上の国家に住む人々にも、理想とする生活があるに違いない。そのような場合はニーズが顕在化されているため、しっかり言語化することができる。

② 顧客が言語化するために、本質的な課題とズレが起こりやすい

　たとえばある顧客が、「窓口の行員が処理に慣れておらず手間取っていて、手続に長い時間がかかった」という不満をあげたとする。この声だけでは、一見応対した行員に経験が不足し、顧客対応に問題があったかのように見える。ところが、詳しく調べてみると、顧客がもってきた契約書類に不備があったことが手間取りの原因で、書類のわかりづらさ解消が本質的な課題だったというケースもある。

　顧客はもちろん自分に落ち度があるとは思っておらず（事実落ち度は顧客ではなく書類にある）、行員がまごついたようすを見て「経験が足りないので

第Ⅱ章　ユーザ中心設計のステップ　83

手間取っているのだ」と判断し、これを言語化して声として寄せた。このように、言葉の背景を正しく理解しないと見当違いの顧客サービス改善に向かってしまうことがある。

③　**本人は無関心で、期待でもニーズでもない可能性がある**

人はインタビューの場で意見を求められると、「何か答えなくては」と責任感をもったり、「何も意見がないと思われたくない」とプライドを守ったりする行動に出てしまう。まるで試験問題を解く受験生のようになってしまい、「客観的に」見て問題点（または解決策）だと考えられることを発言する。人は社会的な動物のため、本音では違うことを思っていたとしても、相手や周囲に容認されるほうを選択しがちになる。

こうして、顧客の声で寄せられる苦情や不満のなかに、顧客自身の期待やニーズが満たされなかったことによる「本物の声」と、客観的に見て水準に達していない点を指摘した「偽物の声」が混同されてしまう。これを判別するのは非常にむずかしい。

後者の苦情や不満に注目してしまうと、改善によって一定の評価はされ顧客満足度は上がるものの、当の本人はもともと気にしていなかったために信頼向上にはなんら寄与せず、一向に銀行が期待するアクションが起こらない結果になる。

やや例が極端だが、飲食店で「トイレが狭い・清潔ではない」と感じたことはないだろうか。では、それが解決されれば来店頻度が高まり、注文するメニューが増えるのか。すぐに「それとこれとは話が違う」ことがわかるに違いない。ところが実際顧客の声を受け取る当事者になってしまうと、苦情や不満の声はサービスに重要なインパクトを与える問題のように見えてしまう。金融機関は特にコンプライアンスを重視する傾向にあるため、細かいものでも拾い上げ、対応せざるをえない状況になってしまう。

④　**「件数が多い＝重要な課題」と誤解されがちである**

先ほどのような不満が複数発生すると、件数が問題の重大さを表していると誤解してしまい、利益改善インパクトの議論は飛ばして対応に走ってしまう。声が多いのは、「客観的に見てわかりやすい」ことが理由かもしれな

い。成果を妨げているボトルネックではない可能性もある。

　顧客の声にヒントがないということではない。顧客満足に資する大切なインプットであり、プロジェクトでも参考資料として貴重である。これから紹介するユーザ行動観察調査でも、行動の理由を確認する目的で意見を訊くことは必須のプロセスとしている。

　ここで伝えたいのは、利益を生み出すマーケティング活動における仮説検証の手段として「顧客の声のみ」を用いるのは、精度に問題があるということだ。顧客の記憶や判断に左右されてしまう意見よりも、実際の行動という事実情報のほうが顧客の真実を映していると筆者らは考えている。

　行動調査も意識的・作為的すぎると、意見と信憑性が変わらなくなってしまう。なるべく被験者が自然な状況で調査に参加できる環境づくり、コミュニケーションが必要だ。これについて次に説明しよう。

ユーザ行動観察調査の流れ

　ユーザ行動観察調査とは、ターゲットとなりうるユーザに実際にサービスを利用してもらい、その行動や表情、発言などを観察する調査を指す。調査と聞くとプロジェクト開始前のインプットとして１回だけ実施する市場調査のように思われるかもしれないが、用途はそれだけではない。ユーザ中心設計においては、ターゲット・シナリオ・画面設計など、各ステップで作成するアウトプットの有効性を確かめるために複数回行われる仮説検証の手法であり、「サービスの品質保証（QA）」の役割を担っている。

　調査は、進行役（調査実施者）と協力者（調査参加者）の１対１の対話形式で進行する。協力者は、リクルーティング会社経由、知人・友人などの縁故、実際の顧客など、さまざまな経緯で募集する。調査目的や検証したい項目数にもよるが、通常調査時間は１時間〜１時間半程度で、なるべく短くすることを心がけたい。インタビューとは違い、実際にウェブサイトを閲覧・操作してもらうため、長すぎると実生活の行動との差が大きくなってしまうためだ。

　場所は指定の日時に会場まで来てもらうか、普段のようすも含めて観察す

第Ⅱ章　ユーザ中心設計のステップ　85

図表Ⅱ-26 ユーザ行動観察調査のようす

調査ルーム

見学ルーム

る場合は協力者の自宅に訪問することもある。筆者らは社内に調査用の機器設備を備えたスペースがあるため、そちらで実施することが多い。地方など遠方の協力者に参加してもらう場合は、クライアントのオフィスやレンタル会議室などを用意する。

調査の流れは以下のようになる。実際の調査動画を観てもらうことがいちばんわかりやすいが、紙面の制約でむずかしいため、進行役と協力者の対話例でようすをお伝えしたい。住宅ローンのウェブサイト利用をテーマにし、注釈のかたちでポイントを解説する。

1 調査、依頼事項の伝達
2 現状インタビュー（状況把握）
3 タスク設定
4 タスク実行（行動観察と確認）

① **調査、依頼事項の伝達**

以下、進行役を「進」、協力者を「協」とし、行動などをカッコ書で表す。

| 進 | どうぞよろしくお願いいたします。このたびは調査へのご協力ありがとうございます。(1)○○さんはいま住宅購入を予定されており、住宅ローンを探されている最中だとお伺いしました。本日 |

	は、どんなことを考えながら探されているのか、特にインターネットを利用されているようですので、そちらでどのような情報をご覧になっているのか、実際のようすを拝見させてください。
進	調査に先立ちまして、2点ほどお願いがあります。1つは、(2)なるべく普段と同じようにインターネットを利用していただきたいと思います。普段○○さんはどちらでどのように使われていますか？
協	自宅では家族共有のノートPCを居間の食卓に置いています。そこで調べますね。
進	ありがとうございます。ではこの部屋は○○さんのご自宅の居間だと想像してください。同じものではありませんが、目の前にあるPCも○○さんが普段使っているものと思ってください。私がいろいろとお願いごとや質問をしますが、私の存在は無視して、ご自身だけがお部屋にいるというシーンを想像してください。
協	わかりました。
進	もう1つ、(3)インターネットをしながら「頭に思い浮かんだこと」を、声に出していただきたいと思います。もちろん私はここにいない設定ですので、独り言のように、つぶやいていただくだけで十分です。 以上がお願いになりますが、何かご質問はございますか？
協	はい、たぶん普段もちょいちょい口に出しているので、(4)問題ないと思います。どうぞ始めてください。

⑴　協力者はなるべくターゲットと同じ状況にあるユーザが望ましい。だが、たとえばどうしても現在住宅ローンを探している人が見つからない場合は、「過去2カ月以内に住宅ローンを申し込んだ人」など近しい条件に緩和してもよい。まだ住宅ローンを申し込む前の状況に戻ってもらい、あらためて探してもらうことでタスクは問題なく進行できる。

⑵　ユーザ行動観察調査も形式としてはインタビューに近いため、協力者が進行役を意識しがちになってしまう。そのために、あえてこのような仮の状況を設定し、進行役の存在を無視してよいことを伝えている。このほかにも意識を和らげる工夫として、座席の位置を対面ではなく横並びにし、調査中は進行役が少し後ろに下がることで協力者の視界に入らないようにすると、より協力者が自身の行動に集中することができる。

⑶　調査に慣れた進行役は、ウェブサイトを利用するユーザの目や手の動き、表情といったしぐさで「どこにつまずいているのか」「満足なのか不満なのか」を推測することができる。だが慣れていないと、ただ黙々と画面を閲覧する協力者の気持ちが読めず、よいインプットを得ることがむずかしい。そこで、協力者に思考発話として実況中継してもらおう。アナウンサーのような簡潔なコメントはいらない。考えをそのまま口に出してもらうだけでよい。ただ、意識しすぎると行動の妨げになってしまうので、無理強いはしない。

⑷　このような協力者の発言や表情で、どのぐらい緊張度が高いかを読み取る。このような発言があれば問題なく先に進んでしまおう。まだ緊張がとれない場合は、「何か不安はありますか」と訊くのがよい。「PCの早い操作に慣れていなくて……」と発言があれば、「皆さんもそう仰いますが、まったく問題ありません。むしろわれわれはいつものようすを拝見したいと思っております」などフォローを入れてほしい。間違ってはいけない、下手なところを見せてはいけないという不安な気持ちが背景にあると考えられるからだ。

② 現状インタビュー（状況把握）

進	それでは調査を始めさせていただきます。まず、(1)○○さんが住宅購入を検討されたきっかけをお聞かせください。
協	子どもが1人いるのですが、来年もう1人生まれることになりました。いま住んでいるエリアで賃貸を探したのですが広いと家賃も高くて……それならば購入するのと変わりないかなと。いまなら金利も低いですし。
進	住宅ローンは、もうすでに決めていらっしゃいますか？
協	いえ、まだです。(2)いくつか候補の物件を不動産会社と見学しています。そろそろ事前審査をしておこうと思っていて、提携ローンは紹介されました。ただ自分でも調べてみようかなと。口座をもっているのがA銀行なので、そちらの住宅ローンとか。(3)同じく家を建てた友人がネット銀行のBで借りたそうなので、そちらも見てみようかなと思っています。
進	住宅ローンを選ぶポイントなど意識をされていますか？
協	詳しい知識はありません。いまは変動金利のほうがお得なのかなとか、繰上返済をしやすいように手数料を抑えたいなとか……契約前に調べてみようと思っています。
進	ありがとうございます。調べるとは具体的にどのように？
協	最近はインターネットですね。(4)ニュースとかをYahoo!で見ることが多いので、その流れでYahoo!の検索で調べることが多いで

第Ⅱ章　ユーザ中心設計のステップ　89

進	す。
進	ありがとうございます。

(1)　調査の冒頭では、ユーザはまだ緊張していることが多いため、質問に対して的確に回答することがむずかしい。特に、意見や考えを求めてしまうような質問だと頭が真っ白になってしまい、よけい緊張を高めてしまうことがある。そこで、最初は準備運動として回答しやすい過去の事実について質問をするとよいだろう。

(2)　ユーザが置かれた状況を訊いておくと、自然な流れでタスクを設定できるのでお勧めである。さらにこれは、協力者が当初想定したターゲットとして適切かどうか、調査対象としての妥当性も確認している。たとえば、「住宅ローンは興味をもって調べることはあるが、賃貸派なので絶対購入しません」という場合は不適格だ。本来は事前のスクリーニング段階で除外されるはずだが、ごくまれに協力者の勘違いや虚偽によって調査対象に入ってしまう。その場合は、「ご家族に頼まれたと思って」などと状況を変えることで続けることも可能だが、協力者の感情移入ができないようであれば、調査をすみやかに中断しよう。「せっかく呼んだから」として続けても、参考になるインプットは得られない。

(3)　ユーザが気にかけていることについては、他行であっても調査のなかで閲覧してもらうとよい。友人が利用した商品・サービスという前提知識があると情報が肯定的に受け取られやすい、などヒントが得られることがある。

(4)　なるべくユーザの普段の状況に沿って行動してもらいたいので、使用しているブラウザや検索するときにアクセスするサイトなどを事前に確認しておこう。

③　タスク設定

進	では(1)今日は仮の状況として、希望の物件が見つかり、購入可能性がほぼ決まった段階としてください。次に何をしようと思われますか？
協	住宅ローンを決めないといけませんね。少なくとも事前審査は。
進	いまちょうど帰宅後で、居間のPCの前にいる状況を想定してください。(2)こちらの状況から、お好きなように調べていただけますか？
協	はい。いつも検索はYahoo!なので、ここの検索窓から、まずは口座をもっているA銀行を調べてみます。 （「A銀行」と検索。検索結果いちばん上のA銀行のリンクをクリック。トップページにある「住宅ローン」をクリック）

(1)　インタビューで把握した協力者の現状に基づいて、少し未来もしくは直近の状況を仮定する。ここで協力者を無視した非現実的な状況を設定してしまうと、自分事として意識することができず、行動が止まってしまう。

(2)　タスク設定とはいっても、「検索でこのキーワードを調べて、住宅ローンの金利を調べてください」といったようなTODOレベルに具体化してはいけない。あくまで状況だけを設定し、後は自然な状態に任せよう。「まずは住宅雑誌を買って読みます」と返答があったなら、無理にPCを操作させず雑誌を読んでもらうところから始めてもよい。筆者も、PCだけではなく雑誌、新聞折込広告、パンフレットなどさまざまな資料を用意して調査に臨んでいる。

第Ⅱ章　ユーザ中心設計のステップ　91

④ **タスク実行（行動観察と確認）**

協	（住宅ローンのページに遷移） (1)とりあえず金利を見ないと。えーっと、金利はどこかな。 （住宅ローンが０円に！　という団信案内のバナー画像を見る） どういうこと？　あー、がんになったり死亡したときか。保険ってことは追加でお金がかかるんですかねきっと。それよりまずは金利を先に見たいですね……。 （対象者や資金使途など商品概要を見る） この表に金利がないですね。 （商品概要をスクロールして往復） あれ、金利がないなあ。あの、このページに金利はないのですか？
進	(2)ご自宅だったらどうされますか？
協	そんなに探し回ることはないですね……あ、下のほうに「詳しいことは窓口で」って書いてありますね。載せてないのか……面倒ですね。０円とか保険の宣伝をする前に金利を載せてくれって思いますね。いったんここでやめます。 （Yahoo!に戻って検索をやり直そうとする）
進	ありがとうございます。何点か質問してもよいでしょうか？ (3)まずこちらの住宅ローンのページに訪れた後、団信の案内画像をご覧になりましたが、興味を持たれたのですか？
協	０円と大きく書いてあったので何かなと疑問に思っただけです。保険ですよね、特別なことではないなと思ったので興味はもっていないです。

進	ありがとうございます。金利がないと仰っていましたが、窓口で問い合わせようとは思いませんでしたか？
協	金利だけでいちいち問い合わせるのも面倒だし。(4)それにたぶん隠しているのは自信がないからでしょ？　口座をもっていていうのもなんですけど、あまり信用できませんね。
進	実はここ（右カラムにあるナビゲーションを見せて）に金利一覧というリンクがあるのですが、気づいていましたか？
協	ほんとだ……すみません、見落としていました。(5)こんなところではなくて、もっとページの上のほうに置いたほうが見られると思いますよ。

(1)　ユーザは目的や期待する情報を探してページを遷移する。この場合協力者が「金利を見たい」とつぶやいてくれたのでそれが理解できたが、何もいわずにひたすらページを閲覧する協力者も多い。その場合は、後で「このときは何を探していたのですか？」と確認しよう。ただ、質問が多いと集中力を削いでしまうし、進行役を気にして行動するようになってしまう。基本は黙して協力者を観察する時間を長く設け、質問はタスクの合間か調査の最後にまとめて訊けばよい。

(2)　調査の序盤では、協力者が進行役に質問したり、判断を仰いだりする状況はよく起こる。その際に、「ここにありますよ」「もっと時間をかけて探してください」と助言や具体的な行動を促すことは避けよう。調査にバイアスがかかってしまう。この例のように「ご自宅ならどうしますか」「どこにあると思いますか」と訊き返すのがよい。筆者はあえて視線を外し、質問に答えず沈黙することもある。協力者はこれを見て「そうか、訊いちゃいけないんでしたね」と察し、そのまま行動を続けてくれる。失礼に

第Ⅱ章　ユーザ中心設計のステップ　93

ならない範囲で対応しよう。

⑶　行動のなかで協力者はバナー画像を見たが、「見た＝興味をもった」と誤解することを避けるため、あえて確認している。このときは、協力者は金利を確認したいという強いニーズをもっているので、バナー画像は目に入っても興味をもつには至らないのではないかという仮説があった。

⑷　このような、行動過程で協力者が目にする情報に対する自然な反応は、意見・発言の類ではあるものの、協力者の主観から出た偽りのない事実情報として、重視されるべきものだ。この例では、リンクの視認性の低さがユーザに「マイナスの心理変化」をもたらしていることがわかる。

⑸　先ほどと同じ意見・発言ではあるが、これは協力者のアイデアであって、客観的なアドバイスである。実際にページ上部にあったからといってこの協力者が気づいてクリックするかどうかはわからない。この意見を鵜呑みにして「金利をページ上部に配置すべき」と結論づけてはならない。別な機会に行動で検証しよう。

　ここから先は、たとえば「金利一覧のリンクに気づいたとして」ページを見てもらったり、あるいは「もうこの銀行に興味はなくなったとして」別な銀行を見てもらったりと別なタスクへと続いていく。進行役が設定した仮の状況に沿って協力者に自然な行動を促し、随所で行動の背景にある心理を確認する。これがユーザ行動観察調査におけるタスクの骨組みである。

　ここであげた例では、読者へのわかりやすさのために、ウェブサイト上で使いづらい箇所が発見される過程を記述した。誤解してほしくないのは、ユーザ行動観察調査は見た目の問題を顕在化するだけの手法ではないことだ。ウェブサイトを閲覧する前に雑誌を読むならその行動を、競合を比較するならその行動を観察する。カメラのフォーカスは自社のウェブサイトではなく常にユーザにあわせる。彼らの行動が何に基づいていて、どんな情報に接して心理が変化するのかをドキュメンタリー形式で追う。これがユーザ行動観察調査である。であればこそ、ターゲットやシナリオの妥当性まで検証できるのだ。

ユーザ行動観察調査は、インタビュー調査を否定するものではない。むしろ、行動の理由をインタビューで丹念に探っていくことで、ユーザの新鮮でリアルな声を採集することができ、インプットの質をさらに高めることができる。たとえば、申込フォームを閲覧するも何も入力せずにページを戻ってしまう、という行動が観察されたとする。これだけでは、「フォームの項目が多すぎor複雑すぎて迷ってしまった」のか、「単にフォームがどれだけ時間がかかりそうかを事前確認しただけ」なのか、あるいは「後で営業の電話がかかってきそうでこわい」のか、正しい理由を把握することはむずかしい。同じ行動でも、理由としてポジティブ・ネガティブの両方が考えられる。これはインタビューを通じて、発言や過去の経験などを確認することで初めて明らかにできる。

　ユーザ行動観察調査は、インターネットへの接続環境があれば場所や広さを問わず実施できる。映像機材など設備を整えれば、調査の様子を別室で見学し、録画して事後に確認することができる（もちろん、協力者の事前同意が必要）。調査の発見点だけであれば、レポートに目を通すだけでよいかもしれない。だがレポートにはユーザの表情や、心理状態を表す発言の抑揚など、言葉にはできない大切な「情報」が抜け落ちてしまう。筆者らは、プロジェクト参加者には見学もしくは録画の視聴を強く勧めている。目の前に困っているユーザがいて、彼らが目の前から立ち去っていくようすを直に見ることで、危機意識をもってもらうことが目的だ。

ユーザ行動観察調査のタイミング

　シミュレーションを通して調査本体の流れについては理解いただけただろう。ユーザ行動観察調査の外観は、調査前後のステップを含めると以下のようになる。

1　調査計画、協力者収集
2　検証ポイント作成、調査準備
3　調査実施

図表Ⅱ－27　調査のタイミングと検証ポイント

タイミング	目的、主な検証ポイント	主な行動確認範囲
ターゲット・価値定義後	・目的・目標設定は妥当か ・ターゲットは適切か ・ターゲットのニーズや状況	・デジタル外（雑誌など） ・サイト外（競合など） ・サイト内
シナリオ、重要導線画面設計後	・ターゲットの有効性検証 ・サイト内シナリオの妥当性 ・画面レイアウトの有効性検証	・サイト外（競合など） ・サイト内 ・作成画面
画面設計、ビジュアルデザイン途中	・画面、画面要素の有効性検証 ・ビジュアルデザインの有効性検証 ・文章表現や図表の適切性検証	・作成画面、ビジュアルデザイン

4　振り返り、仮説修正

　次に、「調査実施」以外のステップについて要点を紹介したい。そのために、まずユーザ行動観察調査をプロジェクトのどのタイミングで実施するのかを明確にしておく必要がある。タイミングとは、調査によって何を検証したいのかという目的のことだ。この目的によって、検証ポイントや振り返りの方法が異なる。

　プロジェクトの規模にもよるが、標準的には「3回」ユーザ行動観察調査を行うことをお勧めしたい。それぞれのタイミング、目的は図表Ⅱ－27のようになる。

　プロジェクト開始直後の1回目の調査は、画面設計など検証すべき具体的なアウトプットもないため、サービスが満たすべきユーザの価値を明らかにするために、ユーザ行動を幅広く観察するインプット収集が主な目的になる。デジタルチャネルに閉じた行動だけではなく、ユーザの体験全体を俯瞰し、その過程で心理や行動を把握することが重要になる。

プロジェクトが進むにつれて、検証すべき対象が明確になってくるため、範囲も具体的に絞られてくる。トップページから商品・サービスページへの導線だったり、シミュレーションコンテンツの利用体験の確認だったりと、シナリオの確認がメインになる。「広さ」よりも「深さ」を重視した調査が主体になる。ユーザの心理や行動を把握する調査から、それらのニーズに対して画面がうまく働きかけを行い、想定する心理変化を起こすことができるかを検証する調査へと移っていく。

　もちろん、3回は標準として設定しているだけなので、柔軟に変更してほしい。複数の商品・サービスを同時に設計するときはシナリオの数も多いため2回目を複数回に分けてもよい。ビジュアルデザインや開発工数が早期に確保でき、リリース後の想定アクセスも多いことが期待できるのであれば、3回目の調査は省略して前倒しでリリースしてしまい、実データをもとに検証をかける判断でもかまわない。

　各タイミングの調査について、もう少し細かく解説しよう。

ターゲット・価値定義後の調査

調査計画、協力者収集

　この調査では、プロジェクトの目的・目標の妥当性や想定ターゲットの存在有無を確認する。画面設計やビジュアルデザインなど検証するアウトプットはまだ存在しないことが多いため、「ユーザの商品購入・サービス利用行動の把握」など実態調査の側面が大きい。リニューアルプロジェクトの場合は、現行サービス上のユーザ行動阻害ポイントを明らかにする目的も加わる。

　目的・目標やターゲットをすでにかなり時間をかけて検討し、堅強な仮説ができている場合、検証ポイントが明確になるため調査はしやすいが、固定観念になっていることもあるので注意したい。担当者の思い入れが強すぎるあまり、サービスが「使われる前提」で調査を進めてしまうためだ。この段階ではまだ大きなズレでも引き返すことはできるので、「ユーザは本当にサービスを使うのか」「店舗など対面で解決できるのではないか」など前提

第Ⅱ章　ユーザ中心設計のステップ　97

を疑って、サービスのことはいったん忘れるくらいの気持ちで調査を進めたい。筆者の経験では、第1回目の調査ではさまざまな会社のサービスを閲覧してもらうことになるため、調査後に協力者から「これはいったいどこの会社が主催している調査ですか」と訊かれることもある。そのぐらい調査対象を広げてみることも大切である。

サービスの目的・目標は大方決まっているが、ターゲットで議論が紛糾し、なかなか定まらないこともある。この原因の1つは、ユーザに関するインプットが不足しているためであり、無理に決め打ちする必要はない。「このセグメントとこのセグメントでは」というあたりでユーザをやや広めに収集し、実際の行動を観察しよう。事前に議論を重ねておくと、「どこがわからないのか」が明確になっているので、調査結果からの発見が多い。間違ってはいけないのは、「調査をすればターゲットがわかるだろう」と適当に協力者を募って調査してしまうことだ。ターゲット・価値定義の項目でも述べたが、事前の仮説が何もないとユーザ行動を見ても頭にひっかかることがなく素通りしてしまう。

協力者の人数については、そのサービスがまったく新しいものなのか、既存のリニューアルなのかなどで大きく変わってくるが、目安として1セグメント当り最大10人程度を収集することをお勧めする。セグメントごとの増減は、調査前の段階でどれくらいユーザ行動や心理・価値が不明確なのかで判断してほしい。たとえば住宅ローンの場合、「借換えユーザ」セグメントであれば、ほぼその理由は金利であることが想定されるため、もっと人数を減らしてもよいかもしれない。

あまり最初から欲張って大人数で網羅的に調査するよりは、まずは必要最小限で実施し、「もう少し若年層が見たい」など新しい希望が出た場合に、追加調査を検討するという進め方がよいだろう。

検証ポイント作成、調査準備

ユーザ行動を広く把握することが目的なので、デジタルチャネルに固執せず日常生活のなかでサービスに関係するユーザ行動を観察したい。住宅ローンを事例として、図表Ⅱ－28に検証ポイントを例示してみよう。

図表Ⅱ－28　住宅ローンの検証ポイント

検証ポイント	主な確認事項
住宅購入の検討経緯	・住宅購入の理由は ・希望している住居形態は ・現在の検討状況は
住宅ローンの検討状況	・検討し始めたタイミングは ・判断軸をもっているか。それは何か ・（未契約者）候補はあるか。選択の理由は ・（契約者）最終的に決めた理由は
チャネルの使い分け	・情報収集、検討の方法は ・相談窓口などリアルチャネルは使ったことがあるか ・PCやスマートフォンで調べる内容は異なるか ・不動産会社から住宅ローンについて案内があるか
デジタルチャネルの利用	・どのような目的で利用するか ・物件選びの方法は ・住宅ローン選びの方法は ・スマートフォンを検索手段として利用するか ・比較に利用したサイトはあるか。その理由は

　この例のように、調査の冒頭は現状確認のインタビューが続くことが多い。ただ、協力者も自分の考えのすべてを言語化することはむずかしい。そのため、質問の回答として、「以前検索していたときに見つけた住宅ローンがよいと思っている」などと発言があれば、その場で当時のようすを再現してもらう（思い出すというより、当時の状況に戻ってもらいあらためて探してもらう）行動調査に移行するとよいだろう。

　行動の振り返りとして質問を重ねると、当初の発言と違った回答が得られることがある。たとえば、「住宅ローンは金利だけで選びますね」と発言していたユーザの行動を観察すると、有名な都市銀行や地方銀行を避けて検索するようすが見られた。理由を訊いてみると、「大手は審査が厳しそうなので敬遠したい」という当初聞かれなかった心理が明らかになることがある。ユーザが嘘をついていたわけではなく、単に意識にあがっていなかっただけだ。このように、行動は無意識の選択基準に影響を受けることがある。この

第Ⅱ章　ユーザ中心設計のステップ　99

ような深層心理の表面化を第1回のユーザ行動観察調査では特に心がけたい。サービス開発において重要なヒントになるためだ。

この調査では、デジタルチャネル以外の行動も確認したいので、刺激物はたくさん用意しよう。雑誌・新聞広告やパンフレット、場合によっては電車内の広告など、日常生活で目に触れて行動のきっかけとなるような情報を控えておきたい。

もちろん、この段階でシナリオの仮説やサービスプロトタイプがあれば、ぜひ検証してほしい。検証は複数回重ねることでより確かなものになっていくからだ。

振り返り、仮説修正

第1回の調査は特に、プロジェクト参加者全員が見学もしくは録画視聴して、ターゲットのリアルな姿をいつでも頭に浮かべられるようにしてほしい。以降の調査で多少なり修正される可能性はあるが、第1回の調査はサービスの根拠・核となる貴重なインプットになるためだ。さらに調査に参加することの効用として意外と無視できないのは、調査結果が臨場感を伴った「体験」として実感できるため、より危機意識が強くなり結果としてプロジェクトへのモチベーションが高まることだ。筆者らのクライアントからも、ユーザ調査を見学した感想として「鳥肌が立った」「ドキドキした」「冷や汗をかいた」と体への変化を示す言葉で聞かれることが多い。

なるべく調査結果の鮮度を保ち、抜けもれなく活用するために、筆者は第1回調査の結果レポートでは「要約」とは別に「書起し」を用意している。社内報告用であれば、長々とユーザ行動や発言を記述ことはできず、要約する必要が出てしまう。だが要約は、書き手にとっての重要度で結果をフィルタにかけてしまうため、解釈に偏りが発生してしまい、大切な行間が抜け落ちてしまう可能性がある。

そこで要約とは別に、ユーザの行動や発言を可能な限りすべて拾う「書起し」を用意することをお勧めしたい。筆者は調査の録画映像を観ながら手元のWordもしくはExcelに書き留めている。0から書き起こすとかなり時間がかかるので、できれば調査の段階で進行役とは別に書記役を用意して、リア

図表Ⅱ−29　検証の書起し例

検証ポイント	協力者Aさん（36歳・セグメント２）
住宅ローンの情報収集	「とりあえず地元の銀行のローンから探したい」 （Googleで「住宅ローン　埼玉」と検索。広告部分は無視して、検索結果を見る。一番目ではなく二番目のB銀行をクリック） 「この銀行（一番目の銀行）は地元であまり評判がよくないので、見ないですね」 （B銀行トップページへ。住宅ローンを探すが、２種類の商品があることを見つけてしばらく見つめる） 「このXXと◆◆の違いは何ですかね。固定と変動ってことかな？　そうでもないな。よくわからないから別の銀行行きます」 （戻るボタンを押して検索結果に戻り、三番目のC銀行へ） ★商品名ではユーザは選べない。具体的な違いを明記するか、まずはどちらかの商品に誘導してしまってはどうか。 （C銀行トップページへ。住宅ローンをクリックし、住宅ローントップページへ。上部にある金利が目に入る） 「最大優遇でx.xx%って、これいいですね。もうちょっと条件とか知りたいですね」 ★まずは金利で関心をもち、その先の情報を見ようとしている。実はC銀行も商品が複数あるが、金利の魅力でユーザのモチベーションが高まっているためストレスに感じていない。

ルタイムで書き留めてもらっておくと、後で足りない点を補足するだけでよいので楽になる。

　書き起こした内容には、随所で思いついたアイデアや仮説などを書き込んでいき、ターゲットの修正やシナリオ作成のヒントにしている。たとえば図表Ⅱ−29のようなものだ。「　」がユーザの発言、（　）が行動、考察やアイデアを★で記載している。

　これは検証ポイントの１つのさらに１部分にすぎない。調査時間でいうと

第Ⅱ章　ユーザ中心設計のステップ　101

5分程度の記録だ。これをインタビュー時間すべてで記載していくため、かなり工数がかかる。そのため書起しを必須のステップとして強いることはできない。サービス検討に掛けられるリソースなどで判断してほしい。ただ、筆者の経験ではこの作業をふまえておくとその後のステップが非常に楽になり、成果にも近づくことを実感できる。これは以下2点によると考えている。

- ユーザ行動調査を追体験するために、ユーザ像がはっきりとした輪郭をもって頭のなかに浮かび上がる。シナリオや画面設計をしている最中にも、「このように案内すればあのユーザは動いてくれるだろうな」「ここは飛ばして見られないだろうな」と簡易的な検証をかけることができ、アウトプットの品質が高まる
- 新しいアイデアや仮説を、ユーザ行動の流れや心理変化など「ふとした兆し」から思いつくことができ、よりユーザの心に刺さるアウトプットを生み出せる可能性が高まる。要約は上手に作成しないと調査結果の最大公約数のようになってしまい、「だれの心理なのか」がぼやけてしまう。そのため、要約をヒントとして思いつく仮説も大味で尖りがなく、ユーザを動かせず成果が生まれない危険性がある

要約だろうが書起しだろうが、大切なのはユーザ行動観察調査の結果を真摯にとらえ、必要ならば仮説を棄却し再作成する手間を厭わないことだ。

事例紹介

ある銀行では、これまで店舗窓口での対面販売がメインだった投資信託について、デジタル専業の証券会社との利便性に大きく差があることを「時代遅れ」で「非効率」と認識し、今後の販売軸足をウェブサイトへと移転すべく戦略を練ることになった。主なターゲットを、銀行口座をもち、投資信託をまだ始めたことがない顧客に定め、まず彼らの行動・心理を把握するための調査を行った。

顧客の価値を、「ウェブサイト上で自分の判断で好きなときに投資信託が購入できること」と店舗と対比した自由度の高さにあると定義した。おおま

かなシナリオとしては、ウェブサイト上で投資信託についてわかりやすく紹介し、豊富な商品をカテゴリごとに見やすく整理し、特別キャンペーンを用意して新規取引を促そうとするものだった。

しかし調査の結果、ユーザ行動から以下のような事実が確認された。

・顧客のなかで、投資信託に対する知名度が（株などに比べ）低い
・「信託報酬」の概念を誤解して購入しようとするなど、正しい知識をもっていない
・取扱ファンドの多さに困り果ててしまい、選ぶことができない
・元来店舗窓口での受動的な商品・サービス購入機会が多いため、自力でアセットアロケーションを決め、個別にファンドを購入することがむずかしい

世間的には投資信託がウェブサイト上で購入できる機会が広まっていたため、サービス設計者としては何の問題もなく購入するだろうと思っていた。ところが期待に反し、顧客は戸惑って行動を起こすことができなかった。「どうすればよいかわからない」「だれかに教えてほしい」という不安を強く抱いていることがわかった。

そこで、当初想定の「投資信託をウェブサイト上で新規取引してもらう」シナリオを見直し、ためしに従来の販売形態である窓口での個別相談サービスを訴求したところ、「商品を無理に勧められないか不安だが、相談はぜひしたい」という前向きなようすが観察された。そこで、サービスの強みを「資産の専門家のアドバイスによる、顧客が主役の運用プラン支援」と見直し、人的サポートを全面に出すことにした。当初、デジタル専業の証券会社に比べて劣後していた、時代遅れと感じていた対面チャネルが、実は顧客にとっては価値につながることを発見できた。

一方、高いハードルは初回購入だけで、リピート購入や定期的な見直しは顧客自身がウェブサイト上で自立して行える可能性があった。そこでウェブサイトの戦略として、初心者は店舗の相談サービスへとつなげ、購入経験が

ある顧客はポートフォリオ確認や追加購入をウェブサイト上で行いやすくすることで自己解決を促し、店舗負担を下げる努力を行うことにした。

　この事例のように、世間や業界のトレンドがある方向に進んでいたとしても、それが顧客にとっては望ましい方向であるとは限らない。この例では調査の結果をふまえてサービスの目的から見直す柔軟な判断ができたが、あくまで当初の姿勢ありきで進めてしまうと、「どのように説明すればウェブサイトで買ってもらえるのか」「キャンペーンの魅力が弱いからではないか」と視野がミクロに固定されてしまう。それは悪いことではないが、もっと利を伸ばせる機会を見失ってしまう可能性がある。大きな成果は前提や固定観念を排した先にあることが多い。

　第1回の調査においては、サービスがどう使われるかなど、ウェブサイトの説明や細かい導線を気にする前に、ユーザが商品・サービスに対してどのような態度なのか、どこに不安があって、何が価値になるのか、を純粋な目で見つめる努力をしたい。

シナリオ、重要導線画面設計後の調査

調査計画、協力者収集

　第1回の調査ではユーザを知ることに重きを置いていたが、2回目以降の調査では、彼らに対する働きかけとそれによる心理変化、つまりシナリオの検証が目的になる。

　このタイミングの調査では、ユーザにとっての価値が定義された状態で、強みを「どう伝えるか」という部分を仮説として用意し、検証を行う。ウェブサイトであれば、広告からのサイト内流入や、サイト内におけるナビゲーションなどの導線、コンテンツの有効性を検証する。

　用意した材料に対するユーザの行動・反応を調査し、その有効性を計測する調査では、被験者の数を多く用意する必要はない。経験則にはなってしまうが、1つのシナリオについて3人ほど調査すればだいたいの傾向が見え、5人調査すればほぼ大きな問題点を出し尽くすことができる。

検証ポイント作成、調査準備

調査の冒頭は第1回と大きく変わることはない。ユーザの状況や過去の経験をヒアリングし、現実的なタスクを設定し、行動を観察する。第1回と比べて時間を割くのは、用意した画面設計を閲覧・操作してもらうタスクだ。この画面は、完成されたページである必要はなく、プロトタイプでかまわない。もちろん短期間で作成できるのであればHTMLなどを用意してもよいが、かなりの回数の作り直しを余儀なくされるため、あまり工数を投じる必要はない。最近はデジタル上でプロトタイプを作成したり、作成したページをリンクでつなげたりアクションを埋め込んだりできるツールが増えている。それらを活用してもよいだろう。面倒であれば、PowerPointでも十分だ。画面設計の精巧さが調査におけるユーザ行動を大きく変えることはないので安心してほしい。

振り返り、仮説修正

調査結果は1回目のようにレポートとしてまとめるよりも、シナリオや画

図表Ⅱ－30　第2回調査の検証ポイント

検証ポイント	主な確認事項
（シナリオ検証）優遇金利訴求シナリオ	［金利一覧］ ・金利優遇に魅力を感じ、他行との選択肢に残るか ・優遇条件を確認する行動が確認できるか ［優遇条件ページ］ ・自分が条件に当てはまると思ってもらえるか ・店舗で相談しようという行動に移せるか
（画面検証）諸費用・手数料	・金利以外の諸費用や手数料を把握したいと思うか ・具体的にどのような情報を求めているか（団信保険料、保証料、繰上返済手数料、つなぎ融資の費用など） ・A銀行のメリットは伝わるか ・諸費用も含めた返済額総額シミュレーションは相談ニーズを高められるか
（画面検証）相談フォーム	・入力で迷うところはないか ・窓口に持参する資料を正しく認識できるか ・日程調整機能は1週間先までだがニーズをかなえているか

第Ⅱ章　ユーザ中心設計のステップ　105

図表Ⅱ−31　プロトタイプのイメージ

準備の手間 ────────────────────────────→ 大

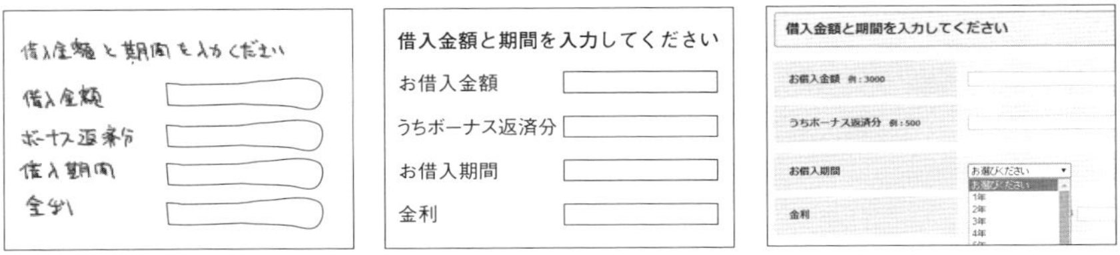

手描き	画像	操作可能なページ
コピー用紙などの紙に手描きで設計。アイデアをすぐかたちにして、検証できる。要件が頻繁に変わる段階で有効。	PowerPointなどで設計し、画像として用意。変更が容易で、ブラウザ上で検証できるメリットをもつ。	ツールなどを使用し、実際に操作できるHTMLを用意。フォームなど本番同様の検証が可能になる。

面の修正に入ることをお勧めしたい。第2回目以降は調査の目的はアウトプットの検証作業だからだ。筆者らは、調査の最中にも画面を修正することがある。1人目の調査で発見された問題点をその場で画面に反映させ、2人目で反応を見る。この仮説検証のサイクルを手早く回すことでより成果に近づくことができる。

　調査の結果、画面はユーザになんとなく利用されるものの、反応が芳しくないことがある。その原因としては、シナリオがユーザの心に刺さっておらず、磨きが弱い可能性と、シナリオ設計はできているがそれが画面に落ちていない可能性の2つが考えられる。きちんとユーザにとっての価値が訴求できているか、画面上でそれがはっきりわかるかたちで提示されているか、本書のステップを読み返してもう一度確認し、必要ならば再調査をしよう。

事例紹介

　シナリオとしては正しくても、画面での表現や見せ方によってそれがうまく機能しないことがある。ある銀行では、住宅ローンについての知識がまだ浅く、情報を収集したいと考えている新規契約者に向けた「店舗相談サービス」を提供することを考え、図表Ⅱ−32のような画面でユーザの反応を調査することになった。

この画面を見たユーザは誘導文言を目にするものの、アクションを起こさず立ち去る行動が観察された。理由を訊くと、「店舗へ相談と書いてあると、契約前提で行かないと話を聞いてもらえないと思った。まだ自分は勉強中なのでそこまでではない」とのことだった。本来このタイプのユーザを対象とした案内であったのに、コミュニケーションが図れていないことが判明した。サービス設計者としては文章で補足していたので大丈夫だと思っていたが、ユーザはそこまで読み込むことはせず、見出しやボタンのラベルで直感的に判断してしまったことも明らかになった。そこで、図表Ⅱ-33のようにラベルを「住宅ローン相談会」に変更して再度調査を行ったところ、ユーザが誤解せずに遷移するようになった。

　「こんな細かいことに気をつけないといけないのか」「このユーザが見落としているだけで、普通はもっと注意深く見るはずだ」と思っただろうか。だ

図表Ⅱ-32　住宅ローン相談会への誘導設計案〈第1案〉

図表Ⅱ-33　住宅ローン相談会への誘導設計案〈第2案〉

第Ⅱ章　ユーザ中心設計のステップ　107

が、実際たったこれだけでも成果が倍も変わることもある。むしろ「こんな細かいことで」成果はあがるのだ。さらに、このユーザのような思い込みや誤解はなんら特別なことではなく、われわれも日常のように経験し、意外と気づいていない。サービス設計者の常識は、ユーザにとっての非常識であることを心しておきたい。

画面設計、ビジュアルデザイン途中の調査

　第3回目以降の調査は、基本的に第2回調査と進め方は変わらない。より詳細な導線と画面の細部についての検証がメインになる。サービス全体のシナリオの検証から、1ページのシナリオにフォーカスが移り、文章や図表のわかりやすさなど各構成要素の問題点を把握する。何気なく使ってしまう言葉にも注意を払い、「これを見たユーザが何を思うだろうか」「その先を想像できるだろうか」と常に疑いの視線で確認したい。

　このタイミングでは、プロトタイプとして用意した画面に加え、ビジュアルデザインを施したアウトプットを検証することがある。ただ、ビジュアルデザインの良し悪しをユーザに判断してもらうのはとてもむずかしい。行動だけ観察する分には、ビジュアルデザインによる増分はあまりないように見えるし、かといって意味がない装飾要素と言い切ることもできない。「どちらが好きですか」と訊くことになるが、それはかなり個人的な好みや感性が働いてしまい、「私は緑が好きなのでこちらです」などと回答されてしまう。発言だけを判断材料にするのは避けたい。

　確実な方法とはいえないまでも、意見の訊き方の工夫を2つほど紹介したい。1つは、ユーザに「この見た目から、どんな印象をもちますか」と訊く方法だ。複数案あるならば「このなかで、温かみを感じる見た目のページはどれですか」と選ばせてもよい。ビジュアルデザインも仮説検証の方法だとすれば、「出したい印象がユーザに伝わっているか」を確認すればよいことになる。なかなか印象を言葉で表現することはむずかしいが、好みを訊くよりはよいだろう。

　もう1つは、かつてレイモンド・ローウィというデザイナがとった手法

で、好きかどうかではなく「嫌いかどうか」を訊く方法だ。好みについては個人で度合いが異なり、意識をしないケースもあるが、嫌悪感があるものについては敏感に反応し、かなり共通性があるという仮説に基づくものだ。金融商品でも、人はリターンよりリスクに過敏に反応する傾向にあることが知られているが、何か関係があるかもしれない。科学的な根拠がなく単なる経験則にすぎないが、参考にしてほしい。

コラム 　**長期の行動を観察する「RET」**

　ユーザ行動観察調査から得られる知見は多いが、1〜2時間の調査時間のなかでしかユーザ行動を観察できない点や、調査という特別な状況が日常からやや離れている点がデメリットとして指摘されることがある。検索を通じた住宅ローンの比較や、ウェブサイトによる株取引など、比較的短期間の利用行動であればリアルな状況を再現することができるが、たとえば「住宅決定から住宅ローン仮審査、不動産会社との契約を経てローン実行まで」という数日から数週間かかるようなイベントをこの調査手法で観察することはむずかしい。

　そこで筆者らは、ユーザ行動観察調査と使い分けるかたちで、より「長期間の」「日常的な」行動を把握し、潜在的なニーズを明らかにする調査手法として、RET（Real-time Experience Tracking）を採用している。

　RETを簡単にいえば、ユーザに一定期間あるテーマに関する毎日の行動をメールやTwitterなどのサービスを利用して記録・報告してもらう調査である。ある保険会社での事例では、保険加入を検討中のユーザに対して以下のような依頼をした。

　・保険に関する広告（TVCM、交通広告、雑誌広告など）に接触したら、
　　広告の写真と、できれば簡単な感想を報告
　・保険に関して情報収集をしたら、調べた画面の写真やスクリーンショット
　　を報告
　・保険に関してだれか（家族、友人、保険相談窓口など）と話をしたら、話
　　の要約を報告
　・保険に関して資料を請求したら、何を請求したのか報告

第Ⅱ章　ユーザ中心設計のステップ　109

これらを特にフォーマットは定めず、Twitterでつぶやいてもらうかたちをとった。

この方法により、デジタルチャネルにかかわらずユーザ行動を横断的に把握することができた。たとえば、TVCMを観たユーザが、その場でスマートフォンから保険会社のサイトへアクセスするようすが確認できた。ところがこの段階では、会社名を認知した程度にすぎず、自分にはどんな保険が必要で、どんな軸でプランを選べばよいかの知識がない。そのため、商品訴求しかしていない保険会社のウェブサイトでは「どこを見ればよいか」がわからず、すぐに閲覧を終了してしまった。

さらに数日後、今度は家族や友人、店舗型保険代理店に話を聞いて、なんとなく基準ができたところで、今度はPCを使ってウェブサイトにアクセスし、資料請求を行ったと報告があった。最終判断はウェブサイトではなく、各社から請求した資料をもとに机上で判断するが、実はその場でも、細かい疑問をスマートフォンからウェブサイトにアクセスする行動をとっていた。

このようにユーザは複数のチャネルを利用して検討を進めていることがわかったが、この保険会社では特に、「スマートフォン」がユーザ行動の身近に存在していることに注目し、スマートフォン向けのウェブサイトを改善することで、TVCM接触後および資料請求後のユーザ行動を変えられるのではないか、という仮説を立てた。

調査の特性上、スマートフォンの高頻度利用者に偏りがある可能性を考慮し、アクセスログによる定量調査も行った。するとスマートフォンサイトは商品一覧ページで離脱する割合がPCよりも大きく、調査からの発見は有力な仮説であると確認できた。

RETは、こちらがもつ仮説を検証する調査ではなく、ユーザのありのままの行動を把握する事実情報収集の手段である。「なかなかサービスの競争優位性が見つからない」「ユーザの姿が見えてこない」という点に悩みを抱えているのであれば、ぜひRETを試してほしい。RETと行動観察調査を併用することで、行動とその背景にある心理をいっそう深く理解することができる。

公開後の検証

①　サービスは「永遠のベータ版」

デジタルマーケティングやソフトウェア開発では、公開を迎えるサービス

を、「永遠のベータ版」と呼称することがある。この言葉は、完成品ではない中途半端な品質という意味ではなく、そもそも「完成品」という状態は存在しない、という戒めを含んでいる。

ユーザ中心設計手法では、サービス設計過程で複数回ユーザ検証が行われているため、公開時点で成果がある程度確定されていると思ってしまう。何の検証もしないサービスよりは確率は高いだろうが、あくまで成功可能性が高まっただけで、成果を保証するものではない。公開時は成果が出ていたとしても、ユーザを取り巻く経済環境や競合が変われば行動が変わり、当初のシナリオが効果を生み出しにくくなる。成果を変わらず出し続けるためには、日々サービスを変えていかなければならない。ここでは、公開後における運用・改善について、継続的に成長させるためのポイントを解説したい。

② 公開日を「終わり」にしない

サービスが公開を迎えると、当然ながら開発に携わってきたメンバは解散になり、プロジェクトとしてはひとまず終了になる。これにより、メンバとの議論やミーティングなどの活動量は減少し、なんとなく一区切りがついて「終わり」という意識がサービス設計者に働いてしまい、モチベーションが下がってしまうことがある。こうなるとサービスの運用や改善への意欲がわかず、「成果が出るとうれしいな」と期待をもつだけの傍観者になってしまう。成果は生まれるものではなく生み出すもので、その責任はサービス設計者にある。むしろこれまでは予行演習で、公開後が本番という意識がないといけない。ところが、一度下がってしまったモチベーションを高めることはかなりむずかしい。

そこで筆者らは、公開時を「終わり」にさせないことでモチベーションを維持することをお勧めしたい。

一般的な開発スケジュールは、まず「公開日」を決め、それをゴールにして必要な要件・機能の実装を検討していく。これにより公開時点で予定された機能がすべて実装された完成品ができあがるため、公開後の期待成果は大きいだろう。だが、その分、完成させたという満足感が「終わり」という意識を高めてしまい、意外とその後の成果がじり貧になってしまう。さらに、

第Ⅱ章　ユーザ中心設計のステップ　111

この進め方は、公開日厳守で開発機能を詰め込んでしまう可能性があるため、たいてい開発スケジュールが後半になるほど忙しくなり、公開日直前にメンバの緊張や熱量が最大化する。いざ公開日を迎えると、緊張は一気に解け、安堵へと振り切られてしまう。モチベーションは一気に下がり、もはや公開後の運用・改善など眼中になくなってしまう。リソースに余裕をもたせることで回避できるが、現実的にはむずかしい。

これを回避するには、最初に公開日を決めてしまわないことだ。まずサービスに必要な機能開発をスケジュールに落とし込んだ後で、公開日をどこにするかを検討する。つまりスケジュールの途中で公開日を設定することになる。これにより、開発機能の詰め込みを防ぐとともに、メンバのモチベーション低下を防ぐことができる（なぜなら公開日以降も開発が続くからだ）。先ほどの進め方と違い、実装されている機能が少ないため、公開後の成果は小さいかもしれない。だが実は機能を限定している分、効果検証がしやすく、その後の運用・改善による成長率が高いことが多い。

この方法の注意点としては、機能を細分化しすぎて公開を複数回に分けると開発効率が下がってしまう可能性があることだ。トータルの開発リソースで比べると、小分けにしたほうがその可能性は高くなってしまう。だが費用対効果で見るならば、先に述べた理由によって、反復的なリリースのほうに優位性があるだろう。

2つの方法に共通する注意点としては、「開発機能を詰め込みすぎない」ことだ。公開日まで一気に開発しきってしまう方法だとしても、必要機能を絞るのであればスケジュールも肥大化せずにすむ。たとえ公開日を小分けにしても、当初決めた優先度の低い機能まですべて開発することに固執してしまうと、短い公開サイクルを何度も何度も回すことになり、かえってメンバが疲弊してしまう。サービス設計者としては、「つくる」ことを前提にプロジェクトを進めるのではなく、「つくらない」ことでいかに成果を高めるかを意識してほしい。ユーザ中心設計手法で画面プロトタイプをわざわざつくって検証するのも、無駄なものを開発しないためという理由がある。

112

③　目標に時系列を入れる

「目的・目標の定義」でも説明したが、目標数値はどのようにそれを達成するのかという時系列の変化とあわせて定義する必要がある。たとえば最終的に「1年後に住宅ローン実行金額を10倍にする」と目標を定めたとして、公開日から1年後までにどう達成するのか。ウェブサイト閲覧数を2倍、店舗誘導率を5倍にして達成するのか。だとしたら閲覧数はいつ2倍になるのか。店舗誘導率は公開直後にすぐ5倍になるのか。がむしゃらにすべての数字を最大限にまで高めていくのは戦略的とはいえない（運用リソースが大きいならばよいだろうが）。「まず公開後の2カ月で店舗誘導率を高め、歩留まりを高くする。その間にウェブサイトに誘導する広告のテストを小予算で実施し、費用対効果の高い手法を見つける。3カ月目に大きく予算を投じ、流入を増やす。同時期に顧客調査を行い契約者の声を集めてシナリオBの機能をリリースし、相談数を増やす」など、打ち手と数値の変化をおおまかに予想したい。これも公開を「終わり」にしない方法だ。

もちろん、このとおりに進むと信じてはいけない。だが計画をしていないと、広告予算を確保したり、必要な開発人材を採用にかけたりといった先手を打つことができず、すべてが場当たり的になってしまう。その場しのぎの打ち手は重みがなく、レバレッジが効かないため大きな成果を生み出すことができない。成果が生まれなければ運用のモチベーションも下がり、改善の手がさらに止まる負のスパイラルに陥る。

④　数値データを過信しない

公開後に目標として定めた指標をウォッチすることは重要だが、ウェブサイト内の細かい経路分析など必要以上に数値で把握することは避けたほうがよい。数値を見ても原因や仮説が思い浮かぶわけではなく、絶対数が少ない新サービスであれば定量的根拠も弱いからだ。10人訪問して1人が契約したとして、申込率が10%と素直に喜べるだろうか。たいていこの手のデータは後で振り返ると何の意味ももたないことが多い。その場合は、無理に定量データで解釈するのではなく、サービスの利用者にアンケートやインタビューをかけて事実情報を確認するなど、定性調査を行うほうが有益である。

第Ⅱ章　ユーザ中心設計のステップ　113

リニューアルプロジェクトなど、すでに十分なデータが存在する場合も、データから何かを発見しようとする姿勢はお勧めしない。近年、データの統計解析処理によるサービス改善案の導出への期待が高まっている。もしそれがボタン1つで実行できるのであれば、待っている間にほかの作業をすればよいだろう。あるいは専門の解析チームがいるならば、彼らに任せてもよいだろう。だがサービスの運用メンバが、データ整形と評価モデルの選定および解析に時間を費やす必要があるならば、立ち止まってコストと期待成果を冷静に判断してほしい。

　確実に改善に役立てたいのであれば、シナリオなど事前に立てた仮説をデータで検証するという姿勢で進めたい。数値上でどうしてもわからないのであれば、ユーザを呼んで目の前で行動してもらってはどうか。大量のデータよりも、目の前の1人のユーザを重視することがユーザ中心設計手法のポリシーだ。データ解析について否定的なわけではないが、実態よりも期待値が高まると結果を見たときの落胆も大きい。一攫千金をねらうような運用ではなく、想定したシナリオになっているかどうかを細かく微修正する運用のほうがモチベーションは継続し、成果を持続的に高めることができる。

⑤　根拠が不明確な改善をしない

　デジタルサービスの大きな特長に変更容易性がある。打ち手をすぐにリリースし、データを収集して改善に役立て次の打ち手を仕掛ける。これをPDCAサイクルと呼ぶことがあるが、とにかくPDCAを回しさえすれば前に進んでいると勘違いしてしまうケースも見られる。たとえばウェブサイトの資料請求ボタンの色を変え、文字の大きさを変え、画像の数を変えてA／Bテストを繰り返す。このようなビジュアルデザインのパターンを検証するテストは、一時的には数値を左右するが、試行のたびに結果が異なったり、時間が経てば効果がなくなったりとなかなか安定しない。「PDCAをやっているが、打ち手が思いつかず続かない」と悩みを相談されるのはこんなケースである。

　このような改善は、たとえれば髪型を変えるようなもので、初日は印象が変わったように見えるが、3日もすれば見慣れてしまう。つまり「変更」で

あって「改善」ではない。見た目の変更も時に成果を生み出すこともある。だが、「なぜその見た目で成果が出たのか」という理由を明確にできないため、再現性が低く汎用化しづらい。ひたすらアイデア勝負を続けることになってしまう。

改善とはあくまで想定したターゲットやシナリオの仮説検証であるべきだ。「このタイプのユーザは、不安を強くもっているため、アドバイザーの写真を見せることで信頼が高まるのではないか」という仮説をもって、はじめて写真のある・なしで検証しよう、と駒を進めることができる。先に写真の有無でテストをして、勝ったほうを見て「さてなぜだろう」と考えるのは効率が悪い。

PDCAを素早く回すことは大切だが、速度を気にするあまり、仮説の検討に十分な時間を割くことができず、考えられるビジュアルデザインをブレインストーミングで集めて、手当たり次第検証するようすも見られる。そのような焼畑的な検証は絶対に長く続かない。アクセスするたびに変わるような画面に付き合わされるユーザの気持ちを想像してほしい。

PDCAを回すときの注意点として、もう2点紹介したい。まずは、「部分最適が全体最適になるとは限らない」ことだ。たとえば、投資商品の案内ウェブページで、資産シミュレーションコンテンツの改善を検討したとしよう。誘導方法や案内を工夫し、そのシミュレーションを通過して商品を購入するユーザの割合が5％改善する結果になった。PDCAとしては成功だ。

ところが、投資商品全体で見ると成果が10％程度下がってしまったことが判明した。これはなぜだろうか。詳しく数値を見てみると、シミュレーションへの誘導を強化したことで、もともとシミュレーションを通らずとも購入していたユーザを無理に連れてきていたことが明らかになった。つまり、「成果を横取り」していたのである。ルートを変えたことで全体の購入率が高まれば成功といえたが、元のルートより悪化させてしまったのだ。「PDCAの個別戦績はよいはずなのに、目標数値があまり増えていかない」という場合、背景にはこのような問題が隠れていることが多い。

もう1つは、「間接的な影響を考慮する」という点だ。同じ例を用いて説

第Ⅱ章　ユーザ中心設計のステップ　115

明しよう。成果の横取りに気づいたサービス設計者は、シミュレーションへの誘導方法をA／Bテストで最適化し、サービス全体として改善効果が高まるよう工夫を行った。これで問題が解決したと思ったのも束の間、1週間ほど経つと購入者数がわずかながら低減していることが判明した。一方で購入率は変化がない。さまざまな指標を追加で調査すると、ウェブサイトへのGoogle検索からの訪問者数が減っていることがわかった。時期としては、シミュレーションの改善を施したタイミングと一致していた。

やや専門知識にはなるが、Googleはウェブサイトの検索結果順位を決定するにあたって、対象となるウェブサイトの読込速度（ページ表示速度）を評価の一要素にしているといわれている。このウェブサイトでは、シミュレーション機能に手を入れることで、使いやすさの点では改善されたものの、速度パフォーマンスが悪化していたのだった。そこで、機能は維持しつつ実装方法に修正を加えてしばらくようすを見ると、翌週には再び流入数が以前と同水準まで戻っていたのであった。

このように、改善活動が当初想定していなかった範囲に影響を与え、成果を左右してしまうことも存在する。経験が増えてくれば、「こうすればこうなる」といった知識が蓄積されるだろうが、それでも事前にすべてを想定し、防ぐことはむずかしい。

未然に防ごうとする姿勢以上に、なるべく発生を素早く感知することが大切だ。そのためには、以下のことに気をつけてPDCAを進めてほしい。

・「いつ」「どこで」「だれに」「どんな」施策を打ったのか記録をつけておく
・「同じ時期」または「同じ場所」または「同じ対象者」に施策を同時実施しない（問題が発生したときに原因の切り分けが困難になるため）
・サービス全体のパフォーマンス指標（利用者数や各目標数値、サーバ負荷など）を継続的に記録する

事例インタビュー ユーザ中心設計の実践に向けて

　常陽銀行は、筆者らとのウェブサイトリニューアルプロジェクトを通じて、大きな成果を達成できた金融機関の1つだ。住宅ローンの事前審査申込み20倍をはじめ、教育・マイカーローン領域で約定が増加し、ウェブサイト経由の3ローン合計実行金額が52億円（リニューアル翌年の上期）と、前年同期比309％という大幅な改善となった。

　ユーザ中心設計を手法として理解することと組織で実践することの間には、大きな差がある。たとえ筆者らが外部からユーザ行動観察調査の結果や改善案を提案したとしても、実行の最終判断はクライアントに任されている。思想を維持したまま組織の稟議を通し、関係者の協力を得てリリースまでもっていくのは大変な熱量が必要になる。

　これを筆者らが外部協力者として語るより、クライアントの声を紹介することでより身近に感じてもらいたいと考えた。そこで、リニューアル当時のプロジェクト担当者であり、弊社とのプロジェクト後もユーザ中心設計思想をもとに運用改善に携わっている常陽銀行の丸岡政貴氏（営業推進部　ダイレクトバンキングセンター　企画グループ　主任調査役）にお話を伺った（太字は筆者の質問）。

——**リニューアルプロジェクト立上げの経緯と組織への働きかけについて**

　もともとは、「ウェブサイトが使いにくい、古いのではないか」という声があり、ブランドイメージの向上目的でリニューアルの予算がつきました。そこで、情報発信だけを目的とするのではなく、営業視点から成果を出すためのプロモーションチャネルにしたいという簡単な資料をつくり目的を明確にしました。資料には、以下のような工夫を行いました。

・紙1枚に簡潔にまとめる
・マーケティング分析や顧客セグメントなど、細かい話は割愛する

第Ⅱ章　ユーザ中心設計のステップ

・ウェブサイト経由の店舗送客数と実行金額の目標値を立てる

・範囲を限定する（住宅ローン領域改善に絞る）

　住宅ローン領域に絞ったのは、まずインパクトがある領域で1勝をあげることで、組織にウェブサイトがもつ可能性の大きさを共有したいと考えたからです。実際住宅ローンで成果があがると、組織内でも「顧客視点」の重要性が浸透していき、その後の他ローン領域改善などもスムーズに進めることができました。

　もう1つ、責任範囲を明確にしたこともあります。ウェブサイトの所管は当時すべて広報室にありました。この状態で住宅ローンの改善活動を進めても、広報室が営業観点で協議書を行内稟議に回し、サイトを運営することになります。広報室が説明責任とマーケティング活動の責任を負うことになり、それは不適切と考えました。そこで、あくまで統括は広報室のままで、住宅ローンなど営業に関する領域については、営業を担当する部署が責任を担うという体制に変更し、プロジェクトを安心して進められるようにしました。

——**組織内で顧客視点を浸透させるための取組みについて**

　成果を目の当たりにしたというのは大きいです。それに加え、お客様のリアルな姿を見てもらったというのもあります。住宅ローンのプロジェクトでは、ユーザ行動観察調査のダイジェスト動画を行内で関係者に視聴してもらいました。調査の結果レポートを読んでもらうよりも、お客様が戸惑うようすをライブとして目にすると「こういうことか！」という驚きをもって理解されました。

　顧客第一、顧客視点という言葉自体は、私自身にも「いわれなくても理解している」「すでに実践している」という思い込みがありました。ですがユーザ行動観察調査を見て、自分が思っている顧客視点と、本当の顧客視点との間には大きなズレがあることを私自身が発見しました。「自分もわかっているつもりでしたが、全然違いました。ぜひ観てください」というかたちで、言葉よりもリアルな映像を観てもらい意識を変えるアプローチをとりま

した。

——予算の立て方、費用対効果の考え方について

プロジェクト立案にあたっては目標金額など収益性をまず考えましたが、費用対効果の判断としては「人件費」として見たらどうか、という話をしました。この目標値をあげるウェブサイトであれば、それは営業担当の人件費換算で何人分になる。人件費でいえばこれだけで、十分元がとれますよね、というロジックです。

——プロジェクト進行にあたっての工夫について

組織に広くデジタルマーケティングのよさを理解してもらうために、プロジェクトごとに担当者を変えています。投資信託であれば資産運用の担当者をメインにし、私自身はコーディネーターの役割に徹しています。

住宅ローンなどで成果が出ているため、プロジェクト決裁も通りやすくはなっています。ですが金融機関は異動も多いため、これまでのユーザ調査などの経緯を知らない上長に決裁を仰ぐ必要も出てきます。その場合もまず調査のビデオを観てもらいます。

運用過程では、住宅ローンのプロジェクトで作成した運用ガイドラインを参照しています。これが判断の拠り所になるので、新しい商品のページを製作する際も、ガイドラインに違反していることを根拠に修正指摘ができます。これがないと単なる押し問答になってしまいます。

ただ、100点満点をねらうような運用はしていません。それよりも、常に高い点数をとり続けることを重要視しています。配置がすぐに換わってしまうこともありますので、個人で高いパフォーマンスを出すのではなく、組織全体でユーザ中心設計手法の思想が根づき、次の担当者に継承されていくことが大切です。

——今後の取組みについて

現時点では、個人向けネットバンキングを強化したいと考えています。顔が見えるウェブチャネルとして取組みを増やしたい。オープンな公式ウェブサイトだけでは、どのお客様が閲覧しているのかがわかりません。

ネットバンキングにログインされたお客様サービスと、公式ウェブサイト

を連結させ、顧客価値を高めていきたいと考えています。たとえばネットバンキングで取引をする、取引明細にバナーで関連商品を表示する、それを閲覧したお客様には広告で後追いし、コールセンターやDMで営業アプローチをかける。このように、デジタルマーケティングによって既存チャネルをより密接に組み合わせることができます。

　オムニチャネルやSNSなど新しいキーワードや媒体は出ていますが、まずは顧客との接点がある店舗やATM、メールマガジンなどの既存媒体を最適化することが優先と考えています。

第III章

デジタルマーケティングの
明日

1 進化の触媒となるスマートフォン

　金融機関のデジタルサービスは、情報量の多さや対象とする年齢層などの要因からPC（デスクトップやノートブック型のコンピュータを指す）利用者が多い。ところがニュースサイトやECサイト、SNSなどのコミュニティサービスでは、すでにPC利用者よりスマートフォン利用者のほうが多い。これは一時的な傾向ではなく、時代の変化ととらえたほうがよい。もう10年も経てば、PCのキーボードを触ったことがないユーザが大半になり、タイピングは自動車のマニュアル運転並みの「コアなスキル」といわれてしまうのではないか。企業によっては、PC向けには開発せず、スマートフォンに絞ったサービス提供に踏み切っているケースも珍しくはない。

　金融機関におけるスマートフォン対応プロジェクトは、利用者割合の相対的な小ささもあって、いまだに収益機会というよりもCS観点の満足度向上対策として取り組まれるケースが多い。PCが利用できない状況を想定して、「ある程度はスマートフォンでも閲覧や操作ができるようにしておこう」という意図にとどまっている。だが、もはやスマートフォンは、「PCが使えないときの代替手段」ではなく、ユーザの行動を変える新しいデジタルチャネルである。これまでとは異なる心理特性やニーズがあり、新しい市場が広がっていると考えるべきだ。

　そこで本章では、スマートフォンがこれからの金融機関のデジタルマーケティングにとってどのような役割を担う可能性があるのかについて解説したい。将来的な展望になるため、筆者らのプロジェクトで金融機関の事例が少なく、海外の事例に偏ってしまう点をお許しいただきたい。だが顧客や市場の特殊性を差し引いても参考になる点は多いと考えている。

チャネル間連携（オムニチャネル）

　スマートフォンは、インターネットの「ながら利用（TVを観ながら、食事

をしながらなど）」を促進する。これはモバイル端末の特性として、フィーチャーフォンが全盛だった時代から見られていた傾向だったが、スマートフォンがもつPCに比肩する機能と高速通信環境の向上で、より顕著になった。この特長と、「オムニチャネル」と呼ばれるような顧客接点を増やすマーケティング活動とは親和性が非常に高い。

　オムニチャネルとは、従来クロスチャネルやマルチチャネルと呼ばれていた活動に類するもので、デジタル・非デジタルを問わず顧客との関係性を構築するための一連の活動を指す。そのなかでも、よりチャネル間の横断性と体験の一貫性を意識したものをオムニチャネルと定義している。たとえば、PC向けとスマートフォン向けにECサイトを展開するのは単なるクロスチャネル、マルチチャネルになる。PCサイトで買い物かごに入れた商品を、スマートフォンで内容確認して購入する、といったようなユーザ行動に断絶を生まない工夫がオムニチャネルで求められている活動だ。この例ではデータ連携を紹介したが、必ずしもユーザ情報の共有による連続した体験の提供だけを指しているわけではない。複数のチャネルを相互補完し、体験の重複や断絶を避けて、ユーザの心理に望ましい変化を起こそうとする活動であればよい。

　金融機関ではどういったことが考えられるのか、さらにスマートフォンがこれにどう影響を与えるのか、ある保険会社の事例を紹介しよう。

　この保険会社では、TVCMをフックにウェブサイトへ誘導し、資料請求をしたユーザに対して営業担当が電話フォローなどを行うことで契約へつなぐ、というマーケティングプロセスを描いていた。

　最終契約数を大きく左右する「はじめの一歩」は、TVCMによる視聴者への認知・関心喚起である。この会社はTVCMに大きな予算をかけ、毎年クリエイティブの改善に力を入れていることもあり、視聴者へのブランディングの観点では評価が高かった。ところが、認知を関心に高め、ユーザをウェブサイトへ誘導し契約に至ってもらう、という具体的なアクションについては経年的に効果が下がっており、マーケティング活動としては見直しが急務だった。

第Ⅲ章　デジタルマーケティングの明日　123

そこで、保険加入を検討する見込顧客の行動を中長期で観察するRET（Real-time Experience Tracking。※調査手法の詳細は「【コラム】長期の行動を観察する「RET」」を参照）を行ったところ、TVCMからウェブサイトに至る導線に断絶があり、その原因がスマートフォンサイトにあることが判明した。

　たしかに、TVCMを視聴して関心をもつと、そばにあるスマートフォンを取り出して検索するようすが確認された。ところが保険会社のウェブサイトに訪問後すぐに離脱してしまい、その後の行動につながっていなかったことが判明した。

　TVCMに興味をもった見込顧客は、まだ保険検討としては初期の段階で、保険の知識や選定軸があいまいである。ウェブサイトに訪問したのはTVCMがきっかけの「ただなんとなく」的な衝動的行為であって、資料請求・契約といった強い動機があるわけではなく、必要な商品を選ぶ心理にもなっていない。

　これに対して保険会社のスマートフォンサイトは、PCサイトと同様に、保険商品を検索し、選ぶモードのユーザ行動しかシナリオで想定していなかった。そのため、ユーザは保険種別や商品を選ぶことができず、自分が閲覧できる情報がないと判断し、訪問直後に離脱してしまうという結果になっていた。

図表Ⅲ-1　TVCM認知ユーザのスマートフォンにおける断線

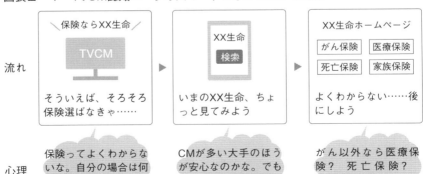

もちろん、スマートフォンでもPCと同様に、保険商品の情報を収集し、他社と比較をするような行動も起こっている。だが、PCではあまり見られない行動として、まだ弱い目的（目的すらない可能性がある）の訪問・閲覧割合が高いことがある。これはひとえに、「ながら利用」という特性によるものだろう。

　この保険会社では、この結果をふまえ、スマートフォンサイトの役割を再定義した。TVCMからの受け皿として自社商品を説明する前に「保険選びの判断軸」を提供することにし、判断軸上の自社商品のポジションを客観的に伝え、検討候補に残してもらうことをねらいとした。ユーザはスマートフォンとPCを併用することが多いため、PCサイトの役割も見直した。PCでは本格的に保険加入を検討し、比較段階にあることが考えられたため、競合と比べた場合の自社の優位点について、主観的に強みを説明するコンテンツを提供することにした。ユーザ行動を時系列で考えるとPCとスマートフォンの役割は異なるはず、と仮説を立て、TVCMも考慮し相互補完し合うかたちでマーケティングのプランを組み立てた。これこそオムニチャネルといえる活動だ。

　ここで説明したように、「PCでもスマートフォンでもお好きなほうでご覧ください」という選択肢の広さや自由度の高さによって、オムニチャネルの完成度が決まるわけではないと筆者は考えている。むしろ利用される状況を特定し、「TVCMを視聴してこういう気持ちになったユーザをスマートフォンサイトへ誘導し、次にPCサイトで比較をさせる」といったように役割を明確にすることが具体的な成果を生む。

　スマートフォンの「ながら利用」という他チャネルと相互連携しやすい特性や、端末自体に備わるGPSや生体認証といった機能によって、マーケティングの機会は今後さらに高まると考えられる。たとえば、ATMはその代表例ではないか。スマートフォン上のアプリで口座情報や出金額を事前設定し、ATMにかざして指紋認証すればすぐに現金が出金される。同時に利用履歴や個人情報に基づいた商品・サービス案内を、アプリ上に出金データとあわせて表示し、スマートフォンの案内ページへ誘導し、最寄りの支店を紹

第Ⅲ章　デジタルマーケティングの明日　125

介する。技術的にはすべて実現できるレベルにある。このようなシームレスな取組みがデジタルマーケティングの真骨頂であり、スマートフォンがその橋頭堡になるのではないかと考えられる。

ライフイベントからライフタイムへ

人生には、お金についての不安や心配が高まるライフイベントが複数回ある。結婚やマイホーム購入、教育や医療、年金のように、事前の備えで解決できる場合もあれば、突然予期しなかった資金使途が発生することもある。銀行をはじめ金融機関ではこのようなライフイベントを切り口にして、商品やサービスを紹介することがマーケティングの定石になっている。

筆者らも貯蓄から投資、ローン、保険までさまざまな金融商品のマーケティング支援に携わってきたが、どんな商品・サービスでも、購入・契約決定において「家族・友人」など身近な人の存在が果たす役割は大きい。検索すれば口コミがすぐに閲覧できる現在においても、なお高いウェイトを占めている。

この背景には、家族・友人に寄せる信頼の高さ、損得勘定やメリット・デメリットというビジネスライクではない関係性が寄与しているのだろう。これを、サービス設計者が築くことはできないのだろうか。筆者らは、信頼構築の鍵になるのは、日常生活における接点を設けることと、価値観の一致が重要な要素ではないかと考えている。

「「ライフイベントを支援」と美辞麗句で装飾していても、結局銀行は住宅ローンを売りたいときにだけ近づいてくる」ことを顧客はよく知っている。自分たちのメリットに直結しないことや回り道をするはずがない、と思っている。だからこそ、その対極にある家族・友人の無償のアドバイスに素直に耳を傾けるのではないだろうか。

ここに成果創出機会を見出した企業のなかで、顧客の日常を支援する「ライフタイム支援」型のマーケティングを試行する動きが見られている。その主な舞台として適切なのが、ユーザの日常生活に浸透しているスマートフォンである。

たとえば、USAA（アメリカ軍関係者や家族に特化した銀行）では、若者向けにスマートフォンアプリを提供し、無駄遣いを避け節約による適切な資金形成を促すアドバイスサービスを提供している。4カ月の試験期間で、18〜24歳のアプリ利用者800人近くに対して、合計12万ドルほどの節約効果をあげることに成功している。

　若者は特に、お金の管理を真剣に考えず、目先の消費に躊躇しない傾向にある（特に日本より消費指向の高いアメリカではその傾向が大きいのだろう）。彼らにアプリを通じて正しい知識や行動規範を伝えることは、単に節約金額がいくらという目先の効果だけではない、将来にわたって役立つ知識になることだろう。

　このマーケティングプランを通常のビジネス判断にかければ、「なぜ資産も少ない若者を相手にしなければならないのか」「ターゲットは市場のマスなのか」「節約させることで何の利益になるのか」と散々な批判を浴びた挙句却下されてしまう確率のほうが高い。ではUSAAは単なるボランティアとしてアプリを提供したのかといえばそうではないだろう。若年層に対するアドバイスを通じて、USAAへの信頼を築くこと。これがその後何年、何十年

図表Ⅲ-2　USAAアプリ「Savings Coach」

出典：Savings Coach　https://itunes.apple.com/jp/app/savings-coach/id986365931

にもわたる関係を築く資産となることに気づいているからこそ実行したに違いない。

　もう1つ、より日常との接点が多い事例を法人向けサービスで紹介しよう。法人における日常とは、すなわち日々のビジネス活動である。オーストラリアのコモンウェルス銀行（CBA）では、小売業の法人顧客に対して、「Daily IQ」と呼ばれるアプリを提供し、来店客のセグメント分析、カード決済をもとにした販売傾向の可視化による業務改善、将来的なキャッシュフローの予測などカスタマイズされたマーケティング情報を配信している。これまで渉外活動としてカバーしきれなかった中小企業に効率的にアプローチする目的だけではなく、「資金提供者からビジネスパートナーへ」関係性を再定義するねらいがある。

　国内の金融機関でも、融資先企業にビジネスマッチングの機会を提供したり、BtoC企業であれば顧客向けの即売会やリサーチの場を提供したりと、融資に終わらない総合的な支援の事例も増えてきた。ところがこういった活動は、1回だけではなく継続させることに意味があるが、1社に対して高頻度で実施するには限界がある。さらに、たとえ地方銀行であっても、商圏が都道府県をまたがって広域化する傾向にあるなかで、投下できる人的資源にも限界がある。

　Daily IQのようなデジタルサービスであれば、地域や時間の制限がなく、業務改善に貢献する仕組みとして継続的な支援が可能になる（その点でDaily IQとはとてもよいネーミングである）。顧客への導入支援やレポートの見方など、はじめはコストがかかるかもしれないが、分析と実行のサイクルを一度回すことができれば、後は自律的なマーケティング活動ができるだろう。そのコストを払ってでも、法人顧客のライフタイムパートナーであることのメリットは大きい。それはすべての取引の源泉となる信頼を築くからだ。

　なお、ここで紹介したDaily IQは正確にはiPadタブレット向けアプリのため、スマートフォン向けサービスではない。だが、タブレットの携帯性に着目し、常に経営者の身近にあるサービスを目指している点では、スマートフォンサービスの文脈で紹介することに違和感はないと判断した。

2 短期の利益より、長期の信頼を

　オムニチャネル戦略は、顧客との接点を「面」で増やしていく活動といえるのに対して、ライフタイム戦略は「時間」を増やす活動と位置づけられよう。どちらもスマートフォンを活用した取組みとして紹介したが、これらは「スマートフォンで何ができるか」というチャネル視点から発想したサービスではないことに注意したい。

　紹介した事例は、サービス設計者側から見れば短期的な収益性が低い活動に映る。だが、顧客にとって価値を生むサービスであれば、必ずそれが後のマーケティング活動における追い風として機能することになる。

　もう1つ、USAAと似た事例になるが「長期的な信頼を得る」ことを目的としたサービスを紹介したい。PNC Bankでは、「ジェネレーションY」と呼ばれる若年層の取込みを企図し、インタビュー調査を通じて彼らの実態を把握した。すると、テクノロジーへの造詣が深く日常生活における活用度が相対的に高い特長がある一方で、資産管理については知識が少なく、収入と支出をあいまいに把握するようすが明らかになった。

　具体的には、たとえ生活に余裕がある若者でも、預金額を超えてカード決済を行ってしまい、銀行から貸越手数料を請求されるケースが相次いでいた。彼ら自身もそれらを問題と意識し、「なんとかしたい」と考えていることがわかった。

　貸越手数料を払わないような資金管理能力が身につけば顧客にとっては利益となるが、銀行にとっては年間30億ドルもの手数料収入が減少する「損失」になる。だが最終的にPNC Bankは短期的な損失よりも顧客との長期的な信頼関係を構築することを優先した。

　「PNC Virtual Wallet」と呼ばれるウェブサービスを開発し、クレジットの引落し日や金額などをカレンダー形式で表示することで顧客のキャッシュフローを視覚化した。これによって顧客は時間軸を意識するようになり、先

第Ⅲ章　デジタルマーケティングの明日　129

図表Ⅲ-3　PNCアプリ「Virtual Wallet」

出典：Virtual Wallet　https://itunes.apple.com/us/app/virtual-wallet/id323876167

を見越した行動をとれるようになった。顧客に収入と支出を管理する目標・ルールが生まれ、貯蓄を増やす計画を立てる能力が身についた。このサービスの結果、若年層の満足度が高まるだけではなく、銀行への預金額は大幅に増え、貸越手数料の損失分を十二分に補うものとなった。

　短期の収益確保より長期の信頼を重視しても収益につながったのは、顧客の不満やニーズといった心理に注目し、「何が価値なのか」をはじめに明確にしてスタートしたためだ。価値につながるサービスであれば、必ず対価を得ることができる。

　筆者らも、「顧客と良好な関係を構築するサービス」について金融機関から相談を受けることがあるが、多くの場合「メディアをつくって情報提供したい」「SNSでメッセージを送りたい」「スマートフォンのGPSで検索させたい」「クーポンを配信して店舗へ誘導したい」といったチャネルやツールの話に終始する。手軽で便利だから、お得だから、という建前はすべて設計者都合で「それが顧客にとってどんな価値になるのか」が議論されていない。価値が明確でないままにとりあえずスマートフォンアプリを提供し、使われることがないままサービスを終了する。そこから「顧客との信頼関係をつく

る活動は利益を生まない」と間違った教訓を得てしまう。

　長期の視点に立つと、商品・サービスを訴求しないという制約からか発想の拠り所を失ってしまい、他行の事例や世間のトレンドなど目に映る具体的なものにすがってしまいがちになる。常に注目するのは顧客であり、彼らの心理・価値である。それを満たす方法に短期と長期があるにすぎない。

3　優先すべきは現状の課題

　最後に、勇み足を防ぐために注意点も付け加えておきたい。

　ここで紹介したアイデアは、実現にあたって1つの金融機関のなかで閉じることはむずかしいと想定される。現在のように顧客に多くの選択肢があるなかでは、1つの金融機関の商品・サービスだけを将来にわたって使い続けることを前提にしてはいけない。顧客を囲い込もうとするのではなく、あくまで中立的な立場でサービスを提供する必要があるだろう。たとえば、Daily IQのようなアプリであれば、クレジットカードの決済データ分析を、自行や系列の金融機関発行のカードだけではなく、世間で広く使われているカードを網羅する必要がある。顧客から見れば、偏りがあるデータで販売戦略を立てることはできないからだ。そのため現実的には、Fintechと呼ばれるようなスタートアップや他企業との提携によって実現されるだろう。

　加えて、長期的な信頼構築といった観点の戦略は重要ではあるが、あくまで将来的・二次的なものであって、まずは自社がすでにあるチャネルおよび顧客接点を磨き上げることを優先すべきである。そもそもいまのウェブサイトで情報閲覧から比較、検討、アクションまでの導線が整っていないのに、スマートフォンアプリを開発して長期的な信頼構築をねらうのは本末転倒であって、穴の開いた浴槽に必死に水を注ぐ行為に等しい。

　「いま」必要な本質的な改善を明らかにするためにも、ユーザ行動観察調査は役立つ。まずは顧客にとっての眼前の問題を取り払ってほしい。

お わ り に

　本書では、筆者らが10年以上にわたってデジタルマーケティングの分野で培ってきた経験を「ユーザ中心設計手法」として体系化し、金融機関向けの方法論として解説した。最後に、本手法の実践にあたり成否を左右する重要な要件を述べておきたい。それはサービス設計者の「熱量」「覚悟」である。このように書くと精神論ととらえられるため、本論では記述することができず末尾で触れることにした。

　どんなに方法論が優れていたとしても（筆者らの方法論は改善の余地は多いが）、あくまで道具にしかすぎず、それを扱う人の「熱量」を超える成果は生まれない。ターゲット・価値定義のステップで紹介した事例のように、これまでの常識や経験にはなかったターゲットや価値が有望となる仮説が立つことがある。前例がなく数値根拠も乏しいなかでその実行を組織として判断するためには、最終的には「覚悟」が物をいう。

　本書の冒頭で、金融業は比較的高いプロジェクト成果を出す傾向にあることに言及したが、金融機関は総じてこの「熱量」と「覚悟」が大きいからではないかと考えている。金融業は業務の特性上、利益の追求と同等かそれ以上に、経営の健全性や公共性、顧客からの信頼維持への意識が高い。つまり、ユーザ中心設計手法が根付きやすい土壌にある。「ユーザの信頼を得ることで、ビジネス成果を創出する」信念と本方法論の精神が一致するからこそ、これを信じて「情熱」をもって実践し、高い成果を生み出しているのではないだろうか。これは本書を執筆するにあたって筆者らが立てた仮説である。

　丁寧な解説と事例による理解を心がけたため、文章としては長くなってしまった。だが、ユーザ中心設計手法はむずかしい・専門的な方法論ではまったくない。ここで紹介したフォーマットに沿う必要もない。ユーザ行動観察調査も、家族や友人、他部署のスタッフでやれば5分でできる。協力者を募集し、検証ポイントを事前に用意するとしても、1週間もあれば十分だ。簡

単に手に入るタイムマシンだと思ってほしい。

　まずは本書のエッセンスを少しでも取り入れて、小さな「行動」に移していただければ幸いである。そこで得た気づきや本手法の不備を忌憚なく寄せてほしい。筆者らの仮説も、ユーザ中心設計手法で検証されるべきものだから。

【著者プロフィール】

株式会社ビービット

ユーザ理解をビジネス成果へとつなげるデジタル時代のユーザ中心経営支援企業。
独自の方法論「ビービットUCD（User Centered Design）」を用いて、ユーザ行動や心理を科学的アプローチで解明し、企業の顧客志向化による収益改善を支援している。2000年の創業以来、サントリー、ホンダ、NTTドコモ、ベネッセなどの大手企業やマネックス証券、Yahoo! JAPANなどのウェブ先進企業へコンサルティングを行い、数多くのデジタルマーケティング企画を成功へと導いている。金融機関では三菱東京UFJ銀行、三井住友銀行、りそな銀行などの都銀、常陽銀行をはじめとする複数の地銀を支援。また、コンサルティング経験をもとに広告効果測定ツール「ウェブアンテナ」を開発・提供し大手企業・ウェブ先進企業を中心に300社以上の導入実績がある。2012年以降は台北オフィスおよび上海オフィスを順次設立し、中国・台湾へ進出する日本企業、ならびに現地企業に対してコンサルティングを実施している。

［執筆］

宮坂　祐（みやさか　ゆう）

株式会社ビービット　エグゼクティブマネージャ／エバンジェリスト
一橋大学法学部を卒業後、ビービット入社。コンサルタントとして、金融、メディア、通信、電機メーカー、メディア等のウェブ戦略立案・ウェブサイト成果向上プロジェクトを数多く実施。2013年からはビービットのコンサルティング事業営業責任者兼エバンジェリストとして、オムニチャネルやカスタマーエクスペリエンス等をテーマに大型のマーケティングイベントに多数登壇。
yu.miyasaka@bebit.com

［企画、執筆協力］

土井　博貴（どい　ひろき）

ビービットにて金融、出版、教育業界へのコンサルティングのほか、営業・広報活動を経験。その後、一部上場企業で新規事業開発やサービス改善などに携わり、顧客開拓・ロイヤリティ向上に貢献。現在は独立し、サービス設計支援や顧客観察調査の研修活動に従事。本書籍の執筆をアドバイザーとして支援。
hiroki.doi@bebit.com

顧客を観よ
──金融デジタルマーケティングの新標準

平成28年2月24日　第1刷発行

著　者　宮　坂　　　祐
発行者　小　田　　　徹
印刷所　三松堂印刷株式会社

〒160-8520　東京都新宿区南元町19
発　行　所　一般社団法人 金融財政事情研究会
　　編　集　部　TEL 03(3355)2251　FAX 03(3357)7416
販　　　売　株式会社きんざい
　　販売受付　TEL 03(3358)2891　FAX 03(3358)0037
URL http://www.kinzai.jp/

・本書の内容の一部あるいは全部を無断で複写・複製・転訳載すること、および
　磁気または光記録媒体、コンピュータネットワーク上等へ入力することは、法
　律で認められた場合を除き、著作者および出版社の権利の侵害となります。
・落丁・乱丁本はお取替えいたします。定価はカバーに表示してあります。

ISBN978-4-322-12853-6